数字化环境下我国体育赛事全媒体转播权交易机制研究

崔俊铭　王晓东　著

吉林大学出版社

·长春·

图书在版编目(CIP)数据

数字化环境下我国体育赛事全媒体转播权交易机制研究 / 崔俊铭，王晓东著 .— 长春：吉林大学出版社，2022.8

ISBN 978-7-5768-0346-4

Ⅰ．①数… Ⅱ．①崔… ②王… Ⅲ．①体育运动—运动竞赛—电视转播—版权—交易—研究—中国 Ⅳ．① D923.414

中国版本图书馆 CIP 数据核字（2022）第 165968 号

书　　名：	数字化环境下我国体育赛事全媒体转播权交易机制研究
	SHUZIHUA HUANJING XIA WO GUO TIYU SAISHI QUANMEITI ZHUANBOQUAN JIAOYI JIZHI YANJIU
作　　者：	崔俊铭　王晓东　著
策划编辑：	邵宇彤
责任编辑：	杨　平
责任校对：	郭湘怡
装帧设计：	优盛文化
出版发行：	吉林大学出版社
社　　址：	长春市人民大街 4059 号
邮政编码：	130021
发行电话：	0431-89580028/29/21
网　　址：	http://www.jlup.com.cn
电子邮箱：	jldxcbs@sina.com
印　　刷：	三河市华晨印务有限公司
成品尺寸：	170mm×240mm　　16 开
印　　张：	11.5
字　　数：	200 千字
版　　次：	2022 年 8 月第 1 版
印　　次：	2022 年 8 月第 1 次
书　　号：	ISBN 978-7-5768-0346-4
定　　价：	68.00 元

版权所有　　翻印必究

内容简介

本书属于媒体传播类方面的著作，主要由绪论、媒体转播权交易机制理论框架构建、体育赛事媒体转播权交易的影响因素与作用模式研究、数字化环境下体育赛事传播模式的嬗变与特征、我国体育赛事媒体转播权交易的回顾与分析、我国国际性综合体育赛事媒体转播权交易分析、我国体育赛事媒体转播权交易机制研究、我国体育赛事转播权交易市场开发策略研究八部分构成。本书在对体育赛事媒体转播权模式相关内容进行论述的基础上，重点对我国重大体育赛事媒体转播权交易模式进行了回顾和分析，并针对数字化环境下我国体育赛事全媒体转播权交易机制和交易市场开发策略进行了深入的探究，对我国体育赛事媒体传播领域学者及相关从业人员具有一定的参考价值。

前　言

数字时代的到来推进了我国各项事业的全面发展。在这一时代背景下，我国体育赛事转播权交易市场必将迎来全媒体发展新趋势，我国体育经济与体育事业的发展进程也必然不断加快。对此，打造出适合当前与未来发展大趋势的体育赛事全媒体转播权交易机制无疑成为当务之急。针对于此，笔者展开了深入的研究与探索，主要观点阐述包括以下八个部分。

第一章主要针对本书研究的背景进行了深入剖析，并将当前我国现有关于体育赛事全媒体转播权交易机制的研究现状进行了系统性概括，并明确了本书研究的目的、意义、假设和内容，确保本书研究的理论技术更为坚实、研究的目的更为明确、研究的价值更为凸显。

第二章主要针对媒体转播权交易机制理论框架加以明确，将媒体转播权、全媒体与数字化、数字版权交易机制、我国法律法规对体育赛事转播权的规定进行了界定与分析，为我国当前体育媒体转播权教育机制的不断完善提供了极为坚实的理论基础。

第三章主要针对体育赛事媒体转播权交易的影响因素与作用模式进行了深入的探索，指出了影响体育赛事媒体转播权交易的政治因素、经济因素、社会因素和技术因素以及体育赛事媒体转播权交易的作用模式所涉及的范围，为数字化环境下我国体育赛事全媒体转播权交易机制的构建指明了方向。

第四章主要将体育赛事传播打破垄断面向全媒体方向发展、体育赛事传播在全媒体方向下展开合法竞争、体育赛事通过全媒体传播有效拓展了受众群体的方式与方法进行了阐述，确保在数字环境下我国体育赛事转播权交易能够有一个理想的环境。

第五章全面回顾了我国体育赛事媒体转播权交易的过往，并对其现状进行了系统分析，使人更加客观地了解了我国体育赛事媒体转播权交易市场发展的具体情况，从而能够进一步明确未来我国体育赛事全媒体转播权交易机制构建的重点关注对象。

第六章主要以我国奥运会、亚运会、单项国际体育赛事为研究对象，明确了我国以往体育赛事媒体转播权交易的主要形式，进而为数字化环境下我国体育赛事全媒体转播权交易机制的构建提供了更为客观、更为有力的支撑条件。

第七章与第八章主要针对我国体育赛事媒体转播权交易机制以及我国体育赛事转播权交易市场开发策略进行了深入的研究与探索，明确了数字化环境下我国体育赛事全媒体转播权交易机制构建的具体路径，研究观点具有极强的实操性。

目 录

第一章 绪 论 / 001

    第一节 问题的提出 / 003

    第二节 体育赛事全媒体转播权交易机制的研究综述 / 004

    第三节 研究目的与意义、研究假设与研究内容 / 006

第二章 媒体转播权交易机制理论框架构建 / 009

    第一节 媒体转播权的界定 / 011

    第二节 全媒体与数字化 / 012

    第三节 数字版权交易机制 / 015

    第四节 我国法律法规对体育赛事转播权的规定 / 017

第三章 体育赛事媒体转播权交易的影响因素与作用模式研究 / 019

    第一节 体育赛事媒体转播权交易的政治影响因素分析 / 021

    第二节 体育赛事媒体转播权交易的经济影响因素分析 / 026

    第三节 体育赛事媒体转播权交易的社会影响因素分析 / 036

    第四节 体育赛事媒体转播权交易的技术影响因素分析 / 043

    第五节 体育赛事媒体转播权交易的作用模式研究 / 046

第四章 数字化环境下体育赛事传播模式的嬗变与特征 / 051

    第一节 体育赛事传播打破垄断面向全媒体方向发展 / 053

    第二节 体育赛事传播在全媒体方向下展开合法竞争 / 060

    第三节 体育赛事通过全媒体传播有效拓展了受众群体 / 065

第五章 我国体育赛事媒体转播权交易的回顾与分析 / 073

  第一节 全运会媒体转播权交易分析 / 075

  第二节 中国足球超级联赛（CSL）的媒体转播权交易分析 / 077

  第三节 中国男子篮球职业联赛（CBA）的媒体转播权交易分析 / 085

第六章 我国国际性综合体育赛事媒体转播权交易分析 / 099

  第一节 我国奥运会媒体转播权交易分析 / 101

  第二节 我国亚运会媒体转播权交易分析 / 106

  第三节 我国单项国际体育赛事媒体转播权交易分析 / 109

第七章 我国体育赛事媒体转播权交易机制研究 / 113

  第一节 有效打破我国传统体育赛事媒体转播权的垄断 / 115

  第二节 鼓励各种体育赛事转播平台开展体育赛事媒体转播权的合法竞争 / 120

  第三节 利用全媒体化发展构建更为开放的体育赛事转播权交易模式 / 126

  第四节 提高知识产权保护水平，促进体育赛事版权交易发展 / 132

第八章 我国体育赛事转播权交易市场开发策略研究 / 145

  第一节 积极吸引网络媒体平台参与体育赛事转播权交易的竞争 / 148

  第二节 建立系统化的体育赛事转播权交易行业规则 / 152

  第三节 依托体育赛事转播权交易拓展更多体育赛事传播受众群体 / 157

  第四节 强化体育赛事转播权保护工作法治化建设 / 163

参考文献 / 169

第一章 绪 论

第一节 问题的提出

一、数字化环境下体育赛事全媒体传播背景

体育赛事兼具观赏性高、竞技色彩突出、娱乐效果强的优势,在我国以及国际范围内,赢得了数以亿计受众人群的关注。由于体育比赛的受众群体广泛,因此其转播权也蕴含了巨大的商业价值。在当今的全媒体发展背景下,体育赛事媒体转播权的交易机制愈发健全与完善,基于合法竞争的体育赛事媒体转播权交易模式,有效地盘活了体育赛事转播权交易市场,进一步促进了体育赛事媒体转播权实现全媒体发展,切实扩大了体育赛事的传播影响力,创造出了令人瞩目的经济价值。

《关于加快发展体育产业促进体育消费的若干意见》的出台为我国的体育赛事媒体转播行业指明了未来的发展方向,通过市场化的商业竞争途径,进一步挖掘体育赛事转播的商业价值,同时构建起了公平合法的体育赛事全媒体转播权交易机制,促使传统媒体与新媒体能够在竞争中不断提升自身媒体传播优势,在为广大体育爱好者提供更为优质的体育节目的同时,促进了体育赛事转播行业在合法竞争中实现可持续发展。在这样的背景下,体育赛事全媒体转播权合法竞争的意义主要体现在推动体育赛事媒体传播行业市场化发展、盘活体育赛事媒体转播权交易市场、挖掘体育赛事媒体转播商业价值三个方面。

二、推动体育赛事媒体传播行业市场化发展

在体育赛事全媒体转播权交易机制建立之前,我国的体育赛事转播权一直处于电视台的垄断之中,长此以往,对于体育赛事媒体传播行业的健康发展造成了一定的阻碍。随着我国放宽对于体育赛事媒体转播权交易的限制,以电视台为代表的传统媒体同以网络直播媒体为代表的新媒体在公平的市场化运作机制下开展了对于体育赛事媒体转播权的合法竞争。

具体而言,开放体育赛事媒体转播权交易机制,对于推动体育赛事传播行业市场化发展具有重大意义,同时具有扩大体育赛事传播影响范围、构建体育赛事媒体转播权市场化交易标准、创新体育赛事媒体市场化运作机制的三方面促进价值。

第二节　体育赛事全媒体转播权交易机制的研究综述

一、我国体育赛事全媒体转播权交易机制的产生

2008年，在北京奥运会上，互联网、手机等新媒体首次作为独立转播机构纳入奥运会转播体系。作为中国大陆和澳门地区唯一的全媒体持权转播商——中央广播电视总台，创建了奥运史上规模最大的新媒体传播平台，并成功实施了奥运会首次新媒体版权保护，成为全球唯一对奥运赛事进行全程直播点播的新媒体机构，开创了北京奥运会新媒体传播的多项历史记录，正式开启了体育赛事全媒体传播时代。以移动互联网为代表的数字技术正在加速与经济社会各领域深度融合，成为促进我国消费升级、经济社会转型、构建国家竞争新优势的重要推动力。

我国作为新媒体大国的规模已经显现，网民对于新媒体深层次应用的需求和接受程度大幅度提高。在数字化环境下，体育赛事传播模式将产生巨大的变化，新媒体公司在体育赛事传播中的重要性日渐凸显。自2014年10月国务院发布《关于加快发展体育产业 促进体育消费的若干意见》，中央电视台处于长期垄断的地位予以打破，这一政策实际上解除了众多地方电视台、新媒体公司参与体育赛事版权交易的紧箍咒，我国体育赛事转播权交易市场形成了全媒体开放式竞争格局，给体育赛事全媒体转播权交易带来了剧烈的变化。

二、全媒体传播层面下我国体育赛事媒体转播权交易发展现状

（一）*体育赛事传播途径日趋多样，传播规模日益庞大*

新媒体的出现丰富了体育赛事传播途径，使参与体育赛事传播的媒体数量和种类大大增加。

以中超为例，苏宁体育在pplive.com、pptv.com、pp.tv、suning.com、longzhu.com等网站平台，以及该网络主域名下的各级子域名的网站、客户端、移动端、OTT家庭互联网播放设备、聚体育中播出。暴风体育的PC端和移动端、微鲸电视OTT端继续拥有每轮一场比赛的转播权益。搜狐则拥有全部比赛场次的视频集锦点播权。在电视台转播层面，中央电视台将直

播每轮比赛两场，各个地方电视台则将转播其所在城市的主队比赛。由此可见，其覆盖非常全面，不同形态的媒体平台的交叉竞争是不可避免的，同质化的激烈竞争自然影响了版权方的赢利能力。

（二）受众参与更加灵活便捷、互动性强

以腾讯体育为例，腾讯体育包括 PC、移动端等新媒体渠道，对于购买签约的合作体育赛事展开了广泛的新媒体传播，播出全部赛事全场直播、点播以及短视频等内容。相关的合作赛事及节目将通过腾讯网、腾讯视频、QQ 和手机 QQ、QQ 空间、微信、腾讯新闻客户端、腾讯视频客户端等移动+PC 终端平台播出。腾讯还在中国与众多的签约体育赛事合作推出"联盟通行证"服务，通过联盟通行证，体育赛事观众可以跨屏欣赏任意一场合作体育比赛的直播及集锦节目。此外，腾讯还推出"比赛时刻"移动端应用程序，通过这个移动端应用程序，观众可以在移动设备上欣赏到相关体育比赛的精彩片段、比赛新闻和数据。腾讯也将通过旗下的微信、QQ、QQ 空间等社交媒体平台，全力支持相关体育比赛在社交媒体领域的进一步发展。

（三）加大了体育赛事版权保护的难度

新媒体版权保护在全世界都是一个非常具有挑战性的难题。2017 年 7 月，体奥动力、PPTV 聚力体育发布联合声明，公布了 2017 中超联赛第 15 轮互联网盗播平台的名单，包括章鱼 TV、YY Live、电视家 2.0、咪咕直播、HDP 直播、魔力视频、91 看电视、肆客足球、天翼视讯、360 影视大全。该声明表示，对侵权媒体平台保留追究其法律责任的权利。由于维权的过程十分困难且漫长，对于违法方处罚的违法成本也比较低，版权方对于盗版现象并没有太好的打击办法，因此盗播现象也就此起彼伏、难以根绝了。所以，亟待建立赛事版权保护机制，有效打击盗播侵权现象。

随着数字时代的到来，体育赛事传播将在多维度上呈现出新的特征与发展态势，体育赛事全媒体转播权开发工作也需要新的思路与策略。体育赛事全媒体转播权开发传播又是一项开创性的工作，在国际上并无先例可循，更没有成熟的运作模式可以借鉴，因此加强数字化环境下体育赛事全媒体转播权交易机制研究有其紧迫性和现实意义。

第三节 研究目的与意义、研究假设与研究内容

一、研究目的与意义

(一) 研究目的

本书研究的目的在于利用对比研究、汇总分析的研究途径,了解国内大型体育赛事的新媒体传播特点及其市场运作流程,明确我国体育赛事全媒体转播权交易机制。通过本书对数字化环境下的体育赛事全媒体转播权交易机制的调查、研究及明确,力求准确把握我国大型体育赛事在当今全媒体传播环境下的信息传播规律以及商业运营价值,从而为我国媒体传播行业提供可靠的体育赛事全媒体转播权交易参考。

具体而言,本书的研究首先对我国重大体育赛事媒体转播权交易现状进行了比较研究,总结了我国重大体育赛事媒体转播权交易的经验教训,探索了体育赛事媒体转播权交易模式和内在规律性,研究了影响交易行为和效果的各构成要素之间相互联系和作用的关系及其功能。从我国体育赛事发展的现实条件出发,构建出我国体育赛事媒体转播权交易机制,针对体育赛事媒体转播权交易实践提出了对策,为做好我国体育赛事媒体转播权开发工作提供了参考。

(二) 研究意义

本书的研究能够有效地填补我国在数字环境下,对于重大体育赛事全媒体转播权交易机制研究的空白,为我国的新媒体从业者以及传统媒体从业者全面客观地展示我国在重大体育赛事全媒体转播权交易过程中的市场供需关系、全媒体体育赛事转播模式以及相关的法律、法规知识。

通过本书的研究,读者能够在对于数字环境下"全媒体"概念产生深入了解的基础上,进一步熟悉全媒体转播权交易机制的市场运作规律,从而对于我国的重大体育赛事全媒体转播权的交易现状具有准确而客观地了解,促使读者进一步把握我国重大体育赛事全媒体转播权交易的关键性信息,以便于将本书的研究内容实际应用于媒体传播领域的工作中,促进我国数字媒体行业的高质量发展。

二、研究假设与研究内容

（一）研究假设

自 2014 年 10 月国务院发布《关于加快发展体育产业促进体育消费的若干意见》起，体育赛事传播模式发生了巨大的变化，新媒体公司在体育赛事转播方面可与长期处于垄断地位的中央电视台同台竞争，形成了全媒体的、开放式的体育赛事转播权交易市场竞争格局。随着数字化环境的不断优化，新媒体公司在体育赛事传播中的重要性日渐凸显。在这样的背景下，本书提出了以下三点研究假设。

1. 明确我国体育赛事全媒体转播权交易机制的重要性

通过对于国内重大体育赛事全媒体转播权交易机制的背景分析、法理分析以及市场运作案例研究，有效明确了我国设立体育赛事全媒体转播权交易机制的重要性。对于新媒体以及传统媒体的重大体育赛事转播权交易竞争分析，有效认识到在我国重大体育赛事媒体转播权交易市场中建立合法竞争机制、打破传统电视媒体对于重大体育赛事媒体转播权垄断的重要作用以及关键意义。

2. 总结我国体育赛事全媒体转播权交易机制的客观规律

通过本书的理论研究与案例分析，能够在理论结合实际的研究背景下，对于我国体育赛事全媒体转播权交易机制的客观规律进行有效总结。具体根据本书所列举的我国体育赛事全媒体转播权交易案例，重点分析其中的市场因素、媒体因素、受众群体因素，从而在总结大量体育赛事全媒体转播权交易案例的基础上，较为全面地总结出我国体育赛事全媒体转播权市场交易规律。

3. 为媒体从业者提供数字化环境下的体育赛事媒体转播权交易机制指导

本书在理论结合实际的研究基础上，能够通过深入展开的专项性研究，为媒体从业者提供数字化环境下的体育赛事媒体转播权交易机制指导。具体在总结我国体育赛事媒体转播权交易机制的同时，站在媒体从业者的角度，去分析体育赛事全媒体转播权交易的客观规律以及市场运作动态信息，并且提出对应的指导意见，使我国媒体从业者在面对相关的工作时，能够获得相应的理论依据及操作指导。

（二）研究内容

1. 前期准备阶段

对于我国职业体育赛事媒体转播权交易进行比较研究，总结体育赛事媒体转播权交易工作的经验得失，探索体育赛事媒体转播权市场开发工作的内在规律，提炼数字化环境下体育赛事媒体转播权开发工作的发展态势与嬗变特征。本阶段主要采用文献资料法、逻辑分析及专家访谈法。

2. 主体实施阶段

对于我国重大赛事媒体转播权交易发展的历史进行回顾，并针对个别案例进行相应的现状分析，深入探究我国体育赛事媒体转播权交易的影响因素与作用模式，把握全媒体传播背景下我国体育赛事媒体转播权交易机制市场运作规律等专题研究。本阶段主要采用文献资料法、数理统计法、案例分析法及问卷调查法。

3. 总结和收尾阶段

对于我国在数字化全媒体环境下的大型体育赛事媒体转播权开发进行案例研究，从实践中探索体育赛事媒体转播权开发工作的规律性，总结体育赛事媒体转播权开发工作的经验教训，进一步完善我国职业体育赛事媒体转播权开发模式，提出我国体育赛事媒体转播权开发策略。本阶段主要采用逻辑分析法及专家调查法。

第二章 媒体转播权交易机制理论框架构建

第一节 媒体转播权的界定

一、媒体转播权的法律界定

在法律层面，媒体转播权是指在举办体育赛事的过程中，允许媒体进行对于体育赛事信息进行转播并以此获得经济利润的一种合法经营权利。对于体育赛事媒体转播权交易，所涉及的法律、法规较多，但尚未出台专项的法律、法规对体育赛事媒体转播权交易市场进行约束管理。针对这样的情况，在2014年10月20日，国务院出台了《关于加快发展体育产业促进体育消费的若干意见》，明确"放宽赛事转播权限制"，并将之列为优化市场环境的重要举措。在开发赛事转播权交易机制的背景下，一旦媒体单位通过合法交易的途径购买了相应的媒体转播权，则会在体育赛事媒体转播的过程中，受到相应的法律权益保护，同时也要承担法律层面上合法缴纳税收的义务。

二、媒体转播权的市场概念界定

在数字化环境下的全媒体传播市场中，媒体转播权的交易被视作一种能够持续获得经济利润的市场投资，而体育赛事媒体转播权被定义为一种商品，通过市场运作机制，媒体单位能够购买体育赛事媒体转播权，从而在合法转播以及传播体育赛事信息的市场化运营过程中，获得可观的经济回报。

具体而言，体育赛事媒体转播权的市场化交易围绕着受众群体对于体育赛事的关注度、媒体体育赛事转播的经济及成本、媒体转播体育赛事的回报所展开。一般来说，大多的媒体单位会选择体育赛事群众关注度高、媒体体育赛事转播经济及技术成本可控、媒体转播体育赛事回报率高的体育赛事进行相应的媒体转播权交易，利用体育赛事媒体转播的过程，提升自身媒体的公众关注度以及获得实际的体育赛事媒体转播利润。

三、媒体转播权的实际操作界定

在媒体转播权交易的实际操作过程中，体育赛事的举办单位通常作为甲方，向媒体出售自身赛事的体育赛事媒体转播权。而购买体育赛事媒体转播权的媒体单位一般作为乙方，从体育赛事举办单位手中购买相应的体育赛事媒体转播权。通过这样的媒体转播权交易过程，体育赛事举办单位与合作媒体形成了一种互利共赢的合作关系，从而利用体育赛事媒体转播途径，进一步提升了体育赛事的公众关注度。

一般而言，体育赛事媒体转播权的交易过程主要依据体育赛事主办单位与媒体单位签订的合同进行规范。在实际操作过程中，体育赛事主办单位与合作媒体单位应归纳自身在媒体转播权交易过程中所具有的权利以及所承担的义务，通过签约合同，规范双方对于体育赛事媒体转播工作的形式，以此达到互利共赢的市场运作效果。

与此同时，购买了体育赛事媒体转播权的媒体还能够通过二次交易的形式，面向其他单位销售自身媒体购买的媒体转播权，通过这样二次交易的形式，既能够提升自身媒体在体育赛事媒体转播权交易过程中获得的利润，也能够在更为广泛的媒体传播背景下，提升体育赛事媒体转播的信息传播质量。

第二节　全媒体与数字化

一、全媒体时代的体育赛事传播特点

随着近年来互联网、移动互联网技术的飞速发展，传统媒体在受到网络新媒体冲击的同时，也在加速媒体融合发展，进入了多种媒体共同发展的全媒体发展时代。在全媒体时代，体育赛事媒体转播权不再被电视台媒体所垄断，而是利用多种媒体合法竞争，体育赛事转播多元化发展的媒体传播理念，进行大型体育赛事的媒体传播。全媒体体育赛事传播途径在包括报纸、电台、电视台等传统体育赛事传播模式的基础上，加入了网络赛事直播、体育赛事短视频传播、网络体育赛事评论传播等新颖的体育赛事媒体传播模式，有效地拓展了体育赛事的媒体传播力以及媒体传播影响价值。包括报纸报道、电台转播、电视转播、网络直播、短视频传播和网络体育。

在全媒体传播的背景下，体育赛事媒体转播权的交易机制日益完善，通过体育赛事主办方与多种媒体机构开展的体育赛事媒体转播权交易，一方面提升了体育赛事的媒体传播效率，另一方面更为深入地挖掘了体育赛事媒体转播权的商业价值，促使大型体育赛事的市场运作机制不断健全。体育赛事

媒体转播权的全媒体发展体现出了多元化、开放性、竞争性、数字化的媒体传播特点，有效地促进了体育产业与媒体产业的协同发展，为社会创造出了巨大的经济价值。

二、全媒体时代对于体育赛事传播的影响分析

在体育赛事传播领域，全媒体模式对于体育赛事传播的主要影响体现在提升体育赛事传播影响价值、促进媒体行业通过公平竞争实现高质量发展、为体育赛事受众群体提供更为多元化的媒体选择三个方面。

（一）提升体育赛事传播影响价值

具体在当今的全媒体发展背景下，传统媒体与网络媒体积极参与体育赛事的传播能够在拓展体育赛事传播渠道的基础上，切实提升体育赛事的传播影响力，促进体育赛事通过全媒体发展模式，拓展更多广泛的受众人群、显著提升体育赛事的媒体传播质量、增进公众对于体育赛事的关注程度，从而在有效提升体育赛事传播价值的基础上，进一步巩固体育赛事的公共传播基础。

（二）促进媒体行业通过公平竞争实现高质量发展

在当代大型体育赛事的全媒体传播竞争中，各大传统媒体与新媒体主体只有不断完善自身对于大型体育赛事的智能化处理，突出媒体传播体育赛事的特色及特点，才能够在激烈的体育赛事媒体传播竞争中拔得头筹。

在具体的媒体行业竞争过程中，一方面围绕着体育赛事媒体转播权进行公平竞争，从侧面确保了转播体育赛事媒体的传播实力；另一方面，各大媒体需要在获得体育赛事媒体转播权的基础上，就体育赛事的智能化处理加工展开竞争，基于同样的体育赛事，发展出各具特色的体育赛事媒体传播形式，不断为大型体育赛事的媒体转播赋予现代化、信息化内涵，从而达到切实提升大型体育赛事媒体转播质量的目的，以此促进体育赛事全媒体转播的高质量发展。

（三）为体育赛事受众群体提供更为多元化的媒体选择

在大型体育赛事的商业运转体系中，体育赛事的受众群体是最终端的媒体传播受益者。体育赛事受众群体在全媒体的体育赛事传播模式中，能够根据自身的体育兴趣、爱好特点，合理选择自身收看体育赛事的媒体平台，从

而有效地促进了各大体育媒体传播平台根据受众人群的传播需要，为特定受众群体量身定制具有特色化的体育赛事转播节目。在传统报纸、电台、电视台媒体转播体育赛事的同时，基于数字化环境的全媒体多元化体育赛事在线转播主要利用 WEB 网站直播、手机 App 转播、数字化智能电视转播的途径，开展对于大型体育赛事的转播与报道，同时还能够利用网络视频剪辑的方式，将大型体育赛事的精彩集锦以及体育赛事媒体评论节目制作成为多媒体视频进行网络传播，从而有效地为广大体育赛事受众群体提供了更为多元化的全媒体体育信息资源获取的选择。主要全媒体体育赛事传播途径如图 2-1 所示。

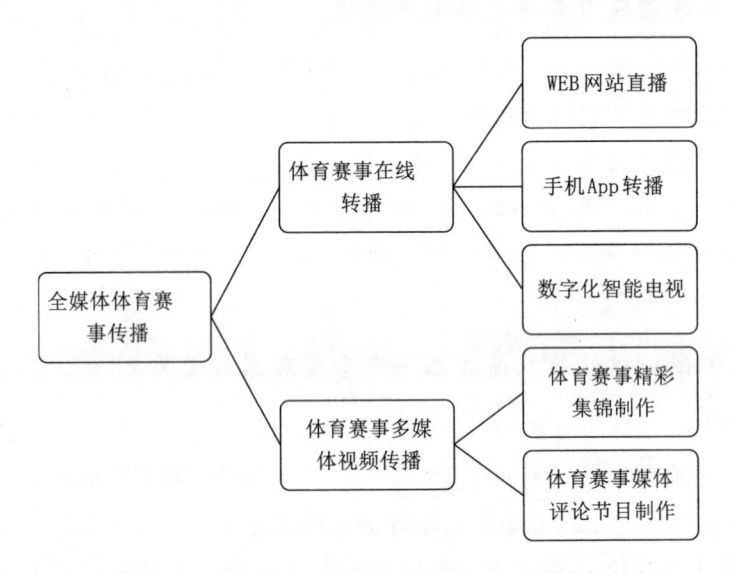

图 2-1　主要全媒体体育赛事传播途径

同时在全媒体大型体育赛事传播的背景下，体育赛事的直播与转播突破了传统媒体传播的单向性，在 WEB 网站直播与手机 App 转播的过程中，体育赛事的受众人群能够即时通过"弹幕互动"方式，随时将自身对于体育赛事的观点及看法发布到 WEB 网站与手机 App 的直播、转播平台之上，从而实现了观众在新媒体环境下的实时互动。同样在体育赛事精彩集锦以及体育赛事媒体节目的传播过程中，体育赛事的受众人群能够通过"点击评论"的方式，与新媒体官方账号管理者及万千网友展开关于体育赛事的讨论与评论，从而更好地丰富了体育赛事全媒体传播的互动性。体育赛事全媒体传播观众互动途径如图 2-2 所示。

```
体育赛事全媒体传  ──→  网站直播、手机         ──→  弹幕互动
播观众互动              App 转播
                  ──→  体育赛事精彩集锦       ──→  评论互动
                        体育赛事媒体节目
```

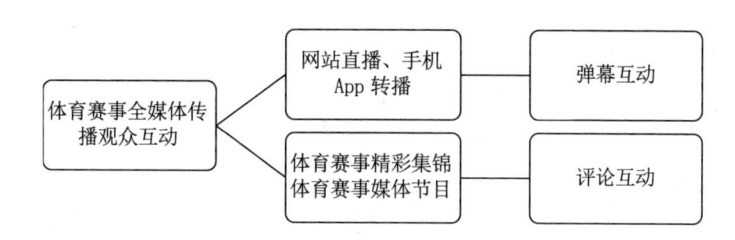

图 2-2　体育赛事全媒体传播观众互动途径

第三节　数字版权交易机制

在以电视媒体为主流的体育赛事传播时代，大型体育赛事的转播权一直处于电视媒体的垄断之中，体育赛事观众只有通过电视媒体的单一渠道，才能够收看大型体育赛事的直播与转播，形成了电视媒体一家独大的体育赛事传播现象。随着全媒体传播时代的到来和大型体育赛事数字版权交易机制的出现，体育赛事的转播权从垄断变为开放，新媒体以及传统媒体能够通过体育赛事媒体转播权交易公平竞争获得相应体育赛事数字版权。这样的体育赛事媒体转播权交易模式的变革进一步推进了我国体育赛事转播的市场化发展，使得传统媒体与新媒体能够共同在公平的市场竞争机制下，开展对于体育赛事的转播运营，在倒逼传统媒体选择"融媒体"发展的同时，为新媒体传播平台带来了更为优质视频传播资源，同时能够促进全媒体背景下体育赛事信息传播质量的显著提升，无论是对于促进媒体行业发展，抑或是提升体育赛事传播价值，都具有深远的意义。体育赛事媒体数字版权交易对于打破体育赛事传播垄断的意义如图 2-3 所示。

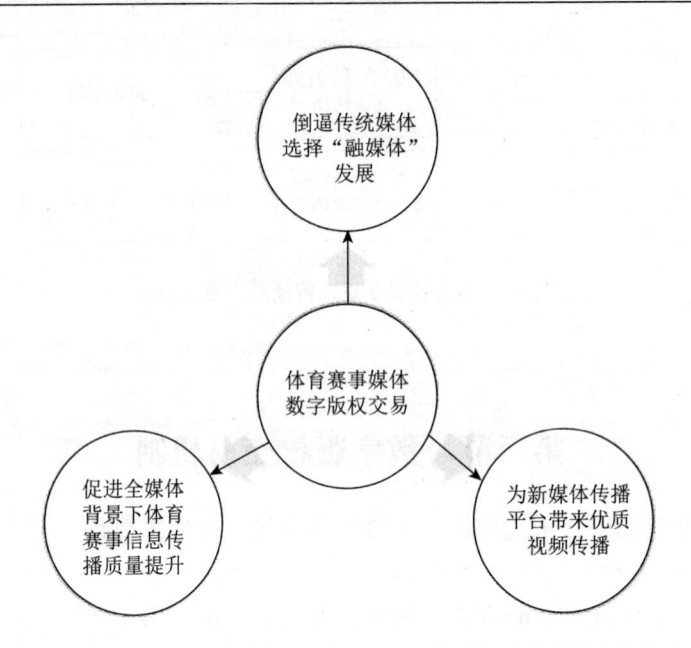

图 2-3　体育赛事媒体数字版权交易对于打破体育赛事传播垄断的意义

一、倒逼传统媒体选择"融媒体"发展

随着体育赛事全媒体数字版权交易打破了传统媒体对于体育赛事转播权的垄断，通过媒体转播权数字交易机制的建立，传统媒体在体育赛事全媒体信息传播的媒体发展趋势下，为了继续保持自身固有的媒体传播优势，纷纷本着"融媒体"发展理念，基于对互联网媒体传播技术的应用，利用数字化信息传播理念，建设自身的网络媒体传播渠道，促使传统媒体在全媒体发展的浪潮之中能够更加适应数字化、信息化的媒体发展潮流，从而在巩固自身媒体传播优势的基础上，促进传统媒体更为适应全媒体时代的数字化媒体发展需要。目前，传统媒体对于体育赛事转播领域的"融媒体"发展方向主要集中于开辟体育赛事网络直播渠道、建设体育赛事媒体网络互动中心、发展体育赛事新媒体传播平台三个方面。

二、为新媒体传播平台带来优质视频传播资源

在我国的新媒体发展历程中，体育类及综合视频类新媒体传播平台的出现要早于体育赛事媒体转播权交易机制的建立，当时的大型体育赛事媒体转播权始终被以央视为代表的电视媒体所垄断，由于缺少体育赛事的转播权，新媒体平台对于体育赛事信息的传播无法实现转播与直播，多采用媒体评

论、体育爱好者网络互动等间接方式进行，因此其体育赛事视频传播质量自然也受到了较大的限制。

我国的体育赛事媒体数字版权交易机制逐渐建立和体育赛事全媒体转播权交易机制的确立为新媒体传播平台带来了巨大的发展机遇，在促使新媒体传播平台的体育媒体信息传播质量得到一定保障的同时，还为新媒体传播平台开辟了更为广阔的商业利润空间。

三、促进全媒体背景下体育赛事信息传播质量提升

随着数字化媒体环境的日益完善，无论是传统媒体还是新媒体，最终都是要朝着全媒体发展方向发展，在体育赛事全媒体转播权交易机制确立的背景下，体育赛事媒体转播权的开放能够促使传统媒体以及新媒体不断提升自身媒体对于体育赛事信息的传播质量，利用高质量的体育赛事直播及转播，不断巩固自身的媒体受众人群，提升自身媒体的体育赛事信息传播影响力，为广大的观众提供更为优质的体育赛事媒体信息服务。

衡量体育赛事信息传播质量的标准具体包括传播技术层面、传播便捷性层面、社会影响力层面、经济促进价值层面四个方面。通过体育赛事全媒体转播权的交易过程，将原先垄断的体育赛事数字版权转变成为一种具有商业价值的商品进行交易，传统媒体与新媒体在公平的体育赛事媒体转播权交易机制下进行公平竞争，从而促进获得体育赛事媒体数字版权的媒体，从提升传播技术、传播便捷性、社会影响力、经济利润的途径入手，积极提升媒体自身的体育赛事传播质量，以此更好地促进体育赛事媒体传播实现良性循环发展。

第四节　我国法律法规对体育赛事转播权的规定

一、《中华人民共和国体育法》的相关规定

《中华人民共和国体育法》第一章的第三条规定："国家坚持体育为经济建设、国防建设和社会发展服务。体育事业应当纳入国民经济和社会发展计划。国家推进体育管理体制改革。国家鼓励企业事业组织、社会团体和公民兴办和支持体育事业。"

对于我国体育赛事全媒体转播权的交易机制而言，可以将媒体单位参与体育赛事全媒体转播的过程视为通过体育事业促进国民经济和社会发展的重

要途径。国家在肯定企事业单位组织、社会团体和公民兴办和支持体育事业的基础上，应当依法对体育赛事媒体转播权以及体育赛事全媒体传播进行保护，从而利用体育赛事转播权交易以及体育赛事全媒体传播的过程，进一步促进重大体育赛事在我国的传播以及发展。

二、《中华人民共和国著作权法》的相关规定

《中华人民共和国著作权法》第一章的第三条规定："本法所称的作品是指文学、艺术和科学领域内具有独创性并能以一定形式表现的智力成果。"

由此可见，在媒体机构购买了体育赛事媒体转播权之后，所出品的体育赛事视听作品拥有相应的著作权受到《中华人民共和国著作权法》的保护。

同时，《中华人民共和国著作权法》第四章的第四十八条规定："电视台播放他人的视听作品、录像制品，应当取得视听作品著作权人或者录像制作者许可，并支付报酬；播放他人的录像制品，还应当取得著作权人许可，并支付报酬。"

在数字化环境全媒体传播背景下，可以将本条规定中的"电视台"，延伸到电视台或新媒体视频传播主体相关领域。而全媒体传播模式下的体育赛事直播视频或衍生视频应属于本条规定的"视听作品、录像制品"保护范围内。体育赛事全媒体的直播、转播以及相关衍生的"视听作品、录像制品"应当受到《中华人民共和国著作权法》保护。同时本条中的"视听作品著作权人或者录像制作者"可以视作体育赛事的举办方，而媒体转播权交易的过程事实上是媒体单位获得著作权人许可的过程，媒体转播权交易经费实质上就是媒体单位向体育赛事举办方支付的报酬。

三、《中华人民共和国反不正当竞争法》的相关规定

《中华人民共和国反不正当竞争法》第四章的第十七条规定："因不正当竞争行为受到损害的经营者的赔偿数额，按照其因被侵权所受到的实际损失确定；实际损失难以计算的，按照侵权人因侵权所获得的利益确定。赔偿数额还应当包括经营者为制止侵权行为所支付的合理开支。"

如果将体育赛事媒体转播权视为一种"视听作品著作权"，那么未经体育转播权交易即开展的对于体育赛事的媒体转播、传播行为则为"不正当竞争"。以上法律条文中规定的内容实际上是对于体育赛事媒体转播权不正当竞争的一种法律制裁，从而保护通过合法渠道实施体育赛事媒体转播权交易的体育赛事主办方以及合法体育赛事转播媒体双方的法律权益。

第三章　体育赛事媒体转播权交易的影响因素与作用模式研究

第一节　体育赛事媒体转播权交易的政治影响因素分析

对于体育赛事媒体转播权的交易，政策措施是最为主要的政治影响因素，尤其是在观看体育赛事转播的观众人口基数极大的背景下，更需要对体育赛事的媒体转播权交易进行规范和管理。

一、体育赛事电视转播规范

20世纪末，中国电视的覆盖率就高达90%以上，鉴于体育赛事对观众的巨大影响力，国家广播电视总局（原国家新闻出版广电总局）于2000年1月颁布了《关于加强体育比赛电视报道和转播管理工作的通知》（以下简称《通知》），以便对体育赛事的电视转播进行规范。此《通知》自2000年1月24日颁布并执行，直至今日依旧有效。

（一）《通知》对体育赛事电视转播的相关规定

《通知》中明确指出，为了维护体育比赛的电视报道和转播的正常秩序以及确保其正确导向，在满足广大电视观众收看体育比赛电视报道和转播的需求同时，避免重大体育比赛的转播出现不协调的现象和事故，对转播进行了对应的规范管理。

《通知》共有七条内容，具体条例如下：

（1）重大的国际体育比赛，包括奥运会、亚运会和世界杯足球赛（包括预选赛），在我国境内的电视转播权统一由中央电视台负责谈判与购买，其他各电视台（包括有线广播电视台）不得直接购买。中央电视台在保证最大观众覆盖面的原则下，应就地方台的需要，通过协商转让特定区域内的转播权。

（2）国内重大的体育比赛，包括全国运动会、城市运动会和少数民族运动会的电视转播，由中央电视台牵头召集各有关电视台进行协商，制定出合理的补偿方式及电视信号制作标准，并由中央电视台负责谈判和购买电视转播权，其他各电视台不得直接购买。

（3）其他体育比赛的电视转播权，各电视台应本着公平、合理的原则购买或转让。

（4）根据《广播电视管理条例》的有关规定，各教育电视台不得转播体育比赛（大学生运动会、中学生运动会等学生体育运动会除外）。

（5）各电视台在报道和转播体育比赛的过程中，要遵守有关电视宣传报道和节目播出的规定，把握正确的舆论导向，遵循新闻报道的职业道德要求，遵守体育比赛的规则，真实、客观、公正地进行赛事报道和解说。

（6）各电视台要本着支持体育事业、满足观众需要和加强行业与系统团结合作的原则，共同做好体育比赛的报道和转播工作，对哄抬报道权价格、进行恶性竞争的要予以严肃查处，同时要防止只讲经济效益、该播不播的现象出现。凡电视台之间已达成转播协议的，有关各台及相关部门要提供必要的技术保障，确保节目信号的传输安全、畅通。

（7）各电视台要严格按照本通知的要求做好体育比赛的报道和转播工作。各级广播电视行政部门要做好对本通知贯彻执行情况的督促检查工作。

（二）《通知》规范下对体育赛事电视转播权交易的影响

在《通知》规范下，所涉及的一些重大体育赛事电视转播权的交易均由中央电视台牵头洽谈，这种牵头模式能够在很大程度上降低购买重大体育赛事电视转播权的价格。例如，2014年世界杯，其电视转播权在日本的交易价格为3亿美元，在韩国的交易价格为1.8亿美元，而在中国的交易价格仅为1.2亿美元。

另外，通过《通知》的规范，能够推动各电视台以公益性为第一属性，以扩大覆盖且最大限度地满足电视观众的收视需求，通过中央电视台牵头能够达到很强的公益性目的，从而以相对较低的价格拿到重大赛事的电视转播权，之后根据其影响力扩大覆盖面，最终推动重大赛事在中国的传播和影响。

当然，《通知》的规定对重大体育赛事电视转播权的交易有一定推动作用，同时容易妨碍对应电视台等媒体参与竞争获取转播权的权利，从而令对应电视台等媒体无法通过转播重大体育赛事而从中获取广告收益，使收益受损。

而且随着媒体技术手段的不断提高和完善，各电视台开始对全国的观众群体进行细分争抢，以便有效提高各自电视台的收视率，尤其是随着互联网技术的完善，很多观众观看各种体育赛事的渠道更加多样，也更加灵活，电视不再是唯一且必要的观看渠道。

在这样的背景下，应该尽量促成各电台媒介能够在各种重大体育赛事上公平竞争，在完善竞争体系的基础上，推动市场的发展和转播技术的完善，从而使整个体育赛事的电视转播市场更加欣欣向荣。

二、体育赛事媒体转播权相关政策发展

早在 1995 年，国家就针对发展社会体育事业做出了一项重大决策，颁布并实施了《全民健身计划纲要》。在此纲领性文件的指导和引导下，全民对体育事业和体育产业的关注度也在不断提高。

进入 21 世纪以来，随着媒体转播技术的快速发展和提高以及各转播媒体硬件的普及和全面覆盖，推动了体育事业、体育产业的发展。民众不仅对各种重大体育赛事的关注度不断提高，还逐步形成了体育健身意识和体育文化。在这样的背景下，对于体育赛事媒体转播权的开发和市场化发展的相关政策开始不断涌现。

（一）针对体育竞赛和体育表演市场的政策

2010 年 3 月，国务院办公厅发布了《国务院办公厅关于加快发展体育产业的指导意见》（以下简称《指导意见》），明确提出要针对发展体育健身市场、开发体育竞赛和体育表演市场、发展体育用品业等体育产业进行探索，以便提高全民族身体素质、生活质量和竞技体育的水平，促进中国从体育大国向体育强国进行转变。

《指导意见》中的重点任务指出，要努力开发体育竞赛和体育表演市场，通过规范市场化运作，借鉴各体育赛事的组织运作经验，来完善国内各体育赛事的市场开发和运作模式。要积极培育体育中介市场来开展体育技术、信息咨询和体育保险等中介服务。

在主要政策和措施中明确指出，要支持和规范职业体育的发展，鼓励引导和规范发展各职业体育赛事，并通过完善职业体育的政策、制度、管理体系等，来严格职业体育俱乐部的准入和运行监管，健全职业联赛的赛制，最终促进职业体育赛事的规范健康发展，提高职业体育的水平。

可以说，《指导意见》从政策层面对职业体育赛事的健康规范发展提供了方向，并体现了国家对体育赛事发展的关注和期望，对体育赛事的媒体转播权相关政策的完善有很强的引导作用。

2015 年 3 月，针对足球在体育领域的产业地位，国务院办公厅印发了《中国足球改革发展总体方案》（以下简称《总体方案》），以期通过《总体方案》推动足球体育事业的发展，并形成连带效应，从而推动整个体育事业和体育产业的发展。

《总体方案》中不仅将发展足球运动纳入国家经济社会发展规划之中，还制定了要实行"三步走"战略的主要目标，对中国足球协会的调整改革、职业足球俱乐部的建设和运营模式改革完善、足球竞赛体系和职业联赛体制的改进完善等多个层面内容进行了规范。

其中，针对足球体育赛事的媒体转播权，《总体方案》提出要建立足球赛事电视转播权市场竞争机制，首先要创新机制来实现足球赛事电视转播权的有序竞争；其次要改革足球赛事媒体转播权的收益分配机制，以确保赛事的主办方和参赛方能够成为主要受益体；最后要创新赛事的转播方式和运营推广方式，探索传统媒体和新媒体的融合发展机制，从而提高新媒体转播市场的收益。

可以说，《总体方案》对足球体育赛事的媒体转播权交易市场的开发极为重视，其不仅会影响足球体育事业和体育产业的良性可持续发展，还会对整个体育产业产生巨大影响。

在《总体方案》的基础上，国务院办公厅在2015年8月印发了《中国足球协会调整改革方案》（以下简称《改革方案》），旨在通过对中国足球协会的调整改革，来切实发挥出足球体育改革的龙头作用，引导全国各体育产业的发展。

2018年12月，国务院办公厅印发了《国务院办公厅关于加快发展体育竞赛表演产业的指导意见》，其中明确指出体育竞赛表演产业是体育产业的重要组成部分，其具有带动体育产业市场化和提高体育经济能力的巨大作用。

该文件指出，要着力发展足球、篮球、排球、乒乓球、羽毛球、冰球、围棋等职业联赛，并鼓励网球、自行车、拳击、赛车等有条件的运动项目举办职业赛事；要通过政策引导人们形成正确的消费理念，鼓励各类媒体播出体育赛事节目，普及运动项目文化和观赛礼仪，同时要健全赛事的门票市场化供应机制，以推动体育竞赛表演产业完善市场化发展体系。

另外，该文件还提出，要加快推动体育赛事相关权利的市场化运营，推动体育赛事制播分离，而体育赛事播放收益由赛事主办方或组委会与转播机构分享；完善与体育赛事相关的法律法规，以便加强体育赛事相关权利的归属、流转、收益保护等，对应的赛事相关权利要归各级单项体育协会以及其他各类社会组织和企事业单位等合法办赛的赛事主办方所有，全力推进赛事的举办权、赛事的转播权、运动员的转会权等具备交易条件的资源公平、公正、公开流转。

此文件的印发为体育赛事的媒体转播权交易建立了更加良好的市场环境，将有效推动体育赛事媒体转播权交易体系的健全和完善，从而推动体育赛事媒体转播权交易能够更加公平、公正、公开，同时对媒体转播权交易的收益方进行了明确，避免了权责不清和收益不公的情况。

（二）针对体育消费的相关政策

2014年10月，国务院印发了《关于加快发展体育产业促进体育消费的若干意见》（以下简称《若干意见》），该文件的印发不仅推动了中国体育产业的深化改革发展方向，还为体育产业全面市场化发展提供了政策支持。

《若干意见》中明确提出了体育产业的发展目标，要到2025年基本建立完善且布局合理的体育产业体系，建立完善的市场机制，推动体育消费需求更加旺盛，从而带动其他产业的发展，体育产业的总规模要超过5万亿元，要促使体育产业成为推动中国社会经济持续发展的重要力量。

以上目标的制定不仅是对体育产业健全完善发展体系和机制的政策支持，还是对整个体育消费市场开发环境的规范。《若干意见》中指出，要研究建立体育产业资源交易平台，创新市场运行机制，推动赛事举办权、赛事转播权、运动员转会权、无形资产开发等具备交易条件的资源能够公平、公正、公开流转；同时要按照市场原则来确立体育赛事转播收益分配机制，促进多方参与主体共同发展；要放宽赛事转播权限制，除奥运会、亚运会和世界杯足球赛之外的国内外各类体育赛事，各电视台可以直接购买或者转让。

上述条例的推出为体育赛事的媒体转播权的市场化发展和潜力开发提供了更加宽广的环境，有效推进了体育赛事媒体转播权交易体系的健全和竞争体系的完善，不仅能够推动体育赛事的发展，还能够提高体育赛事相关参与主体的共同收益，从而吸引更多资源向体育产业靠拢，对体育产业的推动作用极为明显。

也正是在此文件印发之后，体育赛事的媒体转播权交易市场才出现了与以前截然不同的态势，不但各地方电视台开始寻找机会切入各类体育赛事的转播，而且各新媒体平台也开始借助其流量优势切入体育赛事的转播。

2019年9月，国务院办公厅印发了《国务院办公厅关于促进全民健身和体育消费推动体育产业高质量发展的意见》（以下简称《意见》），明确指出要通过深化"放管服"改革来释放体育产业的发展潜能，鼓励全国单项体育协会能够将赛事活动的承办权、场馆运营权等通过产权交易平台进行公开交易。

在完善产业政策和优化发展环境方面，《意见》指出，要加强知识产权保护，推动体育赛事转播权的市场化运营，并建立体育无形资产评估标准，完善体育产业评估制度，同时支持各类体育协会通过冠名、赞助、特许经营等方式开发自身的无形资产。

在改善体育产业结构方面，《意见》指出，要推动体育赛事的职业化发展，着力发展现有的职业联赛，并鼓励有条件的运动项目举办职业赛事，同时合理构建职业联赛分级制度，还支持校际体育赛事的发展，推动其探索商业化运营模式，发展体育经纪人队伍，挖掘体育明星的市场价值。

《意见》的发布是从体育消费层面倒逼体育产业的高质量发展，综合来看是与2014年颁布的《若干意见》形成了相互推动、相互促进的发展体系，旨在全面高质量地推动体育产业的良性发展。整个体育产业的良性发展，自然需要在体育赛事媒体转播权交易体系方面进行完善和优化，一方面要通过体育赛事媒体转播权的交易来满足体育产业的发展资金需求，另一方面则是要通过体育消费体系的完善，来推动体育赛事媒体转播权的交易环境更加公正、公开，以实现市场与产业的协同发展。

第二节　体育赛事媒体转播权交易的经济影响因素分析

体育赛事的媒体转播权交易收入只是体育赛事所有收入体系中的一部分，除媒体转播权交易收入之外，体育赛事的收入渠道还包括企业赞助收入、体育赛事票务收入、体育赛事外延产品收入等。随着社会的快速发展，各项收入之间都会产生一定的影响，尤其是随着国民经济水平不断提高，不同的收入渠道都会在一定程度上瓜分受众群体，这不仅是由市场运行机制所决定的，还是由经济市场细化趋势造成的。

一、体育赛事的收入渠道分析

前面已经提到，体育赛事的收入渠道主要有四类，整体而言，体育赛事获取收入主要依托的是其蕴藏的资源，资源共有两类，一类是无形的资源，包括体育赛事的冠名权，即体育赛事可以将名字出售给某个企业个体，购买者可以利用赛事或其他活动宣传和介绍自身；包括体育赛事的商标使用权，通常主要用于参与体育赛事赞助的商家，可以在相关的体育赛事外延产品上使用赛事商标来宣传自身；包括赛事相关活动的冠名权，属于围绕体育赛事所举办的其他非比赛类活动的冠名；还包括体育赛事的指定用品权，即在体育赛事举办过程中会授予购买此权益的商家的某一物品为指定使用产品。

另一类是有形的资源，包括体育赛事的广告权，其中含有体育赛事场馆内外的设施布景广告权，以及为体育赛事进行宣传的各种广告权，如网络广告、电视广告、刊物广告、户外广告等；包括体育赛事的媒体转播权，含有体育赛事的电视转播权、广播转播权和网络转播权等；还包括体育赛事的票务，即通过对体育赛事进行宣传和推广，将无形的赛事资源转化为有形的票务商品进行销售。

（一）体育赛事的赞助收入

对体育赛事的赞助行为就是将体育赛事作为一种宣传自身的载体，以体育赛事相关的产品作为商品，通过将体育赛事当作商品的形式，以等价交换为原则进行交易，一方面体育赛事举办方可以获得赞助收入，另一方面赞助者能够通过体育赛事的相关产品对自身进行宣传和推广。

赞助行为通常形式多种多样，并非完全需要通过资金的方式进行赞助，还可以通过人员支持、物品支持等方式进行赞助，从而借助体育赛事本身的公众影响力来推广自身，提高自身的知名度和品牌。这是一种以达成买卖双方共赢为目的的市场行为。

之所以体育赛事能够获得赞助收入，是因为体育赛事本身就具有波及面极广且涉及观众群体多元性的特征，体育自身所拥有的活力、激情、对抗性、欣赏性、参与性等对不同的人群都会具有很强的吸引力，这就使得赞助商可以通过赞助的形式来吸引潜在的客户群体，不仅能够提高自身企业的知名度和品牌，还能够加强宣传效果，依托于体育本身的特性来使自身的产品更加深入人心。

而且相对于较为突兀的硬性广告，以体育赛事为载体的宣传模式能够使顾客在观看体育赛事的过程之中，潜移默化地与赞助商家形成较为合理的交流方式，不会显得唐突和突兀，而且能够有效提高赞助商的企业文化传播、完善企业的营销策略等。

（二）体育赛事的票务收入

体育赛事的票务收入主要指的是体育比赛或相关活动的对应门票，这是观众能够进入比赛现场观看赛事的重要凭证，因此票务收入会直接影响到体育赛事组织者或主办方的赢利以及受关注程度。

（三）体育赛事的外延产品收入

体育赛事的外延产品收入主要包括商标特许经营权、指定用品、合作用品等内容，其带来的收入主要依托于体育赛事自身的特性，外延产品能够以体育赛事为载体，推动获取对应权利的商家快速提高知名度。

体育赛事的外延产品收入还可以细分为两个方面，一方面是非现场的收入，即非实物的宣传效用、传播效用、广告效用等。比如，服装品牌与体育赛事的合作可以使服装品牌在规章制度范围内使用体育赛事的标识，这种标识使用不但能够在企业销售产品时带来巨大的收入，而且体育赛事组织者或主办方也能够获取销售额的一定比例分成，甚至可以根据比例二次收取授权费用。

另一方面则是现场的实物销售收入，尤其是在体育赛事的赛场内，观众对赛场内实物的购买会给双方都带来可观的收入，包括食品、纪念品、延伸品、服务等收入，同时在赛事进行过程中，广告的呈现也能够在一定程度上带动观众的消费欲望，从而实现外延产品价值的提升。

（四）体育赛事的转播收入

体育赛事的转播指的就是其媒体转播权，体育赛事本身所具备的各种体育文化和体育精神都会对观众形成积极的影响，因此其作为一种能够传播积极精神的社会文化受到了极为广泛的关注，但相对而言，体育赛事现场的存量有限，因此其转播就成了很多商家非常看重的内容。

中国针对体育赛事的相关政策的出台以及各种制度的改革，体育赛事的商业化、市场化发展，以及媒体技术和手段的快速发展，都推动着体育赛事的媒体转播权饱受关注。其实，体育赛事最初的转播是由具有科技实力的国家进行免费转播的，并不存在转播权的说法，而随着大型体育赛事的投入水准不断提高，体育赛事的转播权开始受到重视，即对体育赛事的媒体转播权进行销售，再进行利益分成，从而缓解投入资本的压力。

整体而言，体育赛事的媒体转播权就是以获取对应报酬和经济利益为目的，体育赛事的组织者或主办方将体育比赛或表演授权给其他组织，其他组织能够通过各类媒介，包括且不限于广播、电视、网络等手段，进行赛事的现场画面直播、赛事节目录像重播、新闻报道播送等权利。

体育赛事的媒体转播权主要可以分为两类：一类是电视转播权，一类是网络转播权。电视转播权就是体育赛事的组织者或主办方以获取对应报酬和经济利益为目的，将体育比赛或表演授权给其他组织，其他组织能够通过无线电波、导线媒介形式等，对整个比赛或表演过程进行现场赛事画面直播或重播，录像和播送新闻报道的权利。其主要依托的媒介是电视。

网络转播权则权利不变，但传播媒介有所变化，其他组织可以通过各种数字化媒介形式进行播放，包括且不限于网络、手机、移动端等。

通常情况下，体育赛事的媒体转播权并不属于俱乐部或运动队或运动员个体，而是属于体育赛事的组织者或主办方，组织者或主办方会将体育赛事的媒体转播权以整体出售的形式进行授权，获取的收益会按照一定比例分配给各个俱乐部或运动队，以实现各个俱乐部或运动队的均衡发展。

进入21世纪以来，随着网络技术的快速发展、移动端的飞速普及，以及无线网络传播速度的不断攀升，体育赛事的网络转播权已经成为媒体转播权之中非常重要且关键的一环。自2006年德国世界杯首次正式引入网络直播模式后，体育赛事的网络转播权的交易情况一路直上。

整个中国体育赛事网络转播市场开始出现百家争鸣的态势。例如，2007年，新浪成为中国大陆英超的网络视频独家合作伙伴；2008年，CNTV成为北京奥运会中国大陆地区唯一转播机构，之后其对直播权和点播权进行了二次分销，新浪、腾讯、搜狐、网易、PPS等均获得了相应的网络转播权利。

国内体育赛事的网络转播市场同样得到了挖掘和开发。例如2011—2012赛季，CBA联赛的网络转播权由搜狐、PPTV获得；到2015—2016赛季，CBA联赛的网络转播商突破了六家，到2016—2017赛季，更是突破了七家。又如，CSL中超联赛，其2009—2015赛季的网络直播权由新浪独家获得；2016年，体奥动力以5年80亿元拿下中超联赛所有媒体转播权，乐视则以27亿元的价格获得了2016和2017赛季的独家新媒体转播权。

二、体育赛事收入渠道对媒体转播权交易的影响分析

在整个体育赛事的多种收入渠道之中，媒体转播权的收入是非常重要的一环。

（一）体育赛事媒体转播权交易额占比

从世界范围来看，全球体育赛事产业的市场规模能够达到百亿美元以上，其中在转播市场开发较充分且较发达的地域，其体育赛事的媒体转播权收入平均占据体育赛事总收入的40%～50%。

以英超、NBA、NFL、温网为例，此四项全球顶级体育赛事2019年的

各种收入渠道比例如图 3-1 所示。

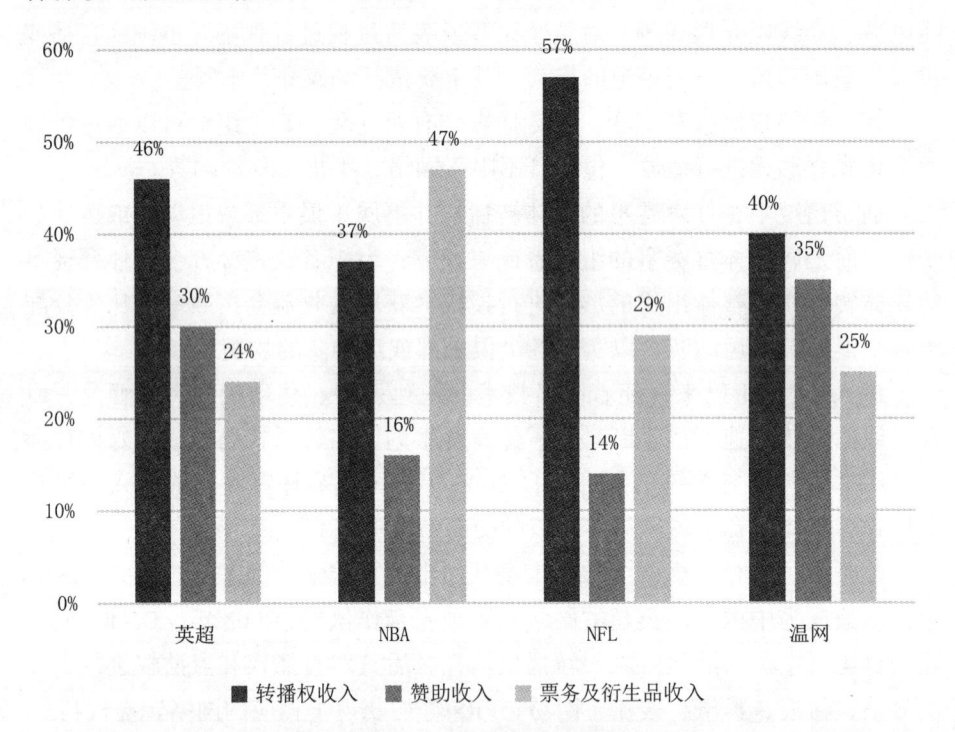

图 3-1　2019 年全球四项顶级体育赛事各渠道收入比例

英超：转播权收入 46%、赞助收入 30%、票务及衍生品收入 24%
NBA：转播权收入 37%、赞助收入 16%、票务及衍生品收入 47%
NFL：转播权收入 57%、赞助收入 14%、票务及衍生品收入 29%
温网：转播权收入 40%、赞助收入 35%、票务及衍生品收入 25%

自 2015 年以来,中国体育产业受到政策的支持和全民健身观念逐步形成影响,得到了极大的发展,总体而言,中国体育产业总规模从 2015 年的 1.76 万亿元,逐年增加,2016 年达 1.9 万亿元,2017 年达 2.2 万亿元,2018 年达 2.7 万亿元,2019 年达 2.9 万亿元,2020 年达 3.1 万亿元。在整个体育产业之中,体育赛事的运营市场规模也在逐年提升,具体数据可参照图 3-2。

单位：亿元

■ 体育产业总规模　■ 体育赛事运营市场规模

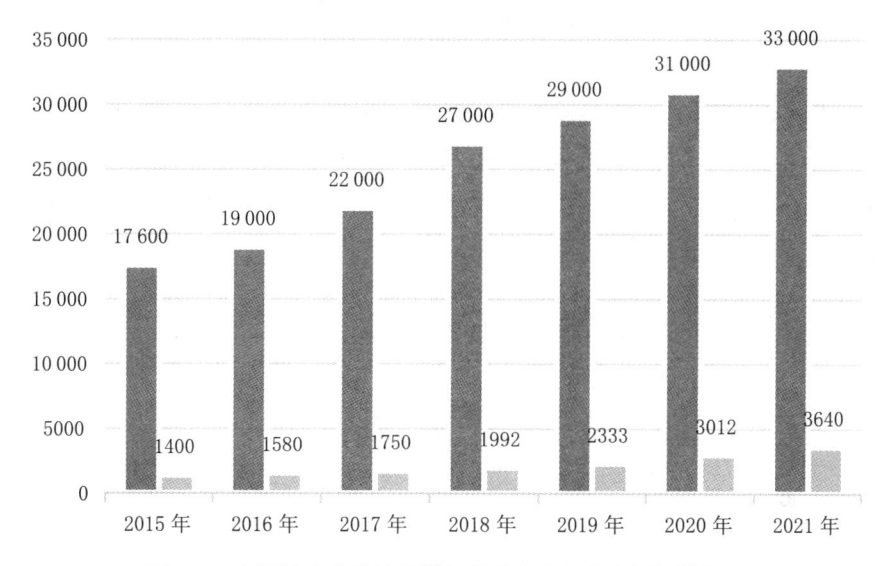

年份	体育产业总规模	体育赛事运营市场规模
2015年	17 600	1400
2016年	19 000	1580
2017年	22 000	1750
2018年	27 000	1992
2019年	29 000	2333
2020年	31 000	3012
2021年	33 000	3640

图 3-2　中国体育产业总规模与体育赛事运营市场规模数据

从图中数据可以看出，中国体育赛事运营市场规模仅仅占据体育产业总收入的 10% 左右。根据相关资料显示，整个中国体育赛事的媒体市场规模在 2016 年仅为 110 亿元，2017 年为 144 亿元，2018 年为 500 亿元，2019 年为 706 亿元，2020 年为 901 亿元，2021 年约为 1115 亿元，媒体转播权交易额所占据的比例在不断增加，从 2016 年的 7.8%，逐步提升到 2021 年的 30% 左右，不仅体育赛事运营市场还具有极大的潜力可挖掘，而且媒体转播权的占比也依旧具有极大的潜力可挖。

（二）体育赛事各收入渠道的经济市场价值分析

随着全球化经济体系的逐步形成，全球各类体育赛事开始受到更多人的关注和喜爱，体育赛事本身所具备的商业价值也在不断提高，尤其是一些大型体育赛事更是如此。

早期，在以电视和广播媒体为主要信息传播渠道的时代，体育赛事需要借助各种媒体平台来提高自身的知名度，因此早期体育赛事的媒体转播权均是免费的。随着电视广告产业的发展，广告商会利用体育赛事的休息时间和犯规时间等，通过付费购买的方式来插播广告从而获取利益，这种商业模式的出现为体育赛事的媒体转播权的市场化提供了思路和渠道。

从体育赛事发展的过程来看，其各种收入渠道中最主要的是票务收入和赞助收入，广告产业兴起后，主要转向赞助收入和广告收入（包括外延产品）。而当转播技术快速提高、互联网技术逐步兴起之后，媒体数量开始不断增加，转播平台也开始逐步增多，从而逐步形成了电视、手机、电脑、平板、广播、车载、公共传媒等各种媒介形式和传播平台共同存在的态势。在这样的背景之下，体育赛事的媒体转播权交易收入开始逐步成为整个体育赛事收入渠道中最重要的一项，甚至逐渐成为大型体育赛事收入渠道中占比最高的一项。

在国内体育赛事的各收入渠道中，以2015年的中超联赛为例，其媒体转播权交易收入占比极低，最主要的收入渠道为赞助和广告，其将赞助商分为了八个级别，每个级别对应的权利也有所不同。例如，一级赞助商被称为冠名合作伙伴，年均赞助资源总额能够达到3亿元（含8000万装备）；二级赞助商被称为官方合作伙伴，年均赞助资源总额为1亿元（含4500万设备）；三级赞助商被称为官方供应商，年均赞助资源总额为6000万元左右；四级赞助商被称为官方媒体合作伙伴，年均赞助资源总额为2000万元左右（含资源置换）。

也就是说，在2015年左右，国内体育赛事的媒体转播权交易收入无法成为主要收入渠道。但随着政策开放，众多媒体平台开始涌入体育赛事媒体转播市场，从而令后续数年间体育赛事的媒体转播权交易额不断攀升，甚至逐步达到总收入额的30%。这意味着体育赛事的媒体转播权的重要性受到了更多重视，且其取得的效果也更加优质。相信随着国内体育赛事的媒体转播权的市场开发力度逐步提高，其在体育赛事各收入渠道中所占据的比重会越来越高。

（三）体育赛事媒体转播权细化分析

从体育赛事的媒体转播权的细化分支来看，其中新媒体转播权的优势较传统媒体转播权更加明显。

1.新媒体转播优势分析

新媒体最显著的特征和优势主要体现在四个层面：首先，新媒体转播体育赛事能够保证用户观看的移动性和便利性，即用户在使用新媒体工具观看比赛时，不会受到时间和空间的巨大限制，只要保证网络畅通，无论是在野外旅游，还是在下班回家途中，都能够通过多样化的新媒体工具观看比赛，包括手机、平板、车载电视等，用户能够随时随地掌握比赛的动态并了解赛事的资讯。

其次，新媒体转播体育赛事不仅会满足用户的观看需求，还能够为用户提供更加便利的互动渠道，包括用户在观看比赛过程中能够和网络上的其他用户进行互动，可以通过网络搜索相关资讯、动态等，另外可以访问运动员的个人公开媒体账户，从而对运动员的情况更加了解，最主要的是用户之间能够通过新媒体平台分享彼此对体育运动的热爱、期望等。

再次，新媒体转播体育赛事具有转播形式多样化的特点，即用户不仅能够通过直播来观看正在进行的体育赛事，还可以通过回放来观看以前的赛事或通过点播的方式观看某部分赛事；另外，体育赛事的转播内容表现形式也多种多样，包括文字版、音频版、视频版、图文版等，甚至还有漫画版、简笔画版等，不仅如此，新媒体的转播特性还可以推动用户参与到赛事的精彩瞬间剪辑过程中，通过深入互动和兴趣点筛选的方式，选择更加契合自身期望的转播形式。

最后，新媒体转播体育赛事具有信息发布实时性特征，即用户和获取的赛事信息不会产生时差，只要无线网络畅通，用户能够随时收看体育赛事，能够随时掌控赛事的信息和动态，从而保证了用户能够和体育赛事产生紧密联系。

2.新媒体对传统媒体产生的冲击

从新媒体转播特征来看，新媒体具有更加广适性的特点，可以普遍为各类地区、各个阶层、各种喜好的用户提供更加便捷、精准的服务。

新媒体的兴起对体育赛事媒体转播权市场开发提出了新的挑战，同时也带来了更多的机遇。相对而言，随着互联网技术的快速发展和普及，中国互联网普及率已经极高，据统计，截至2021年12月，中国网民规模已经达到10.32亿人，互联网普及率达到73%。互联网普及率的不断攀升使新媒体得以拥有更加广阔的发展空间，对于体育赛事的媒体转播权市场而言，新媒体对传统媒体产生了巨大的冲击，主要体现在两个层面。

一个层面是互联网普及率的攀升推动着民众的信息获取方式和阅读、观赏习惯发生了巨大变化，传统媒体的转播方式对于现代人尤其是年轻人的吸引力已经大不如前，传统媒体平台的传播力和影响力出现了极大的下滑；自2015年国家政策放开体育赛事审批制度权限以来，随着互联网技术的快速提高，各类资本开始切入体育产业，从而令体育赛事的媒体转播权需求方大量增加，其中又以新媒体平台为主流。

另一个层面是互联网技术的快速发展和新媒体平台的强势崛起对传统媒体的惯性发展产生了巨大的冲击，尤其是用户群体的个性化需求、信息传播方式都发生了巨大变化，所以使传统媒体平台下的体育赛事内容生产方式无法比拟新媒体平台，从而导致新媒体转播权交易所占的比重越来越高。

3. 新媒体背景下体育赛事转播权的开发策略

从以上分析可以看出，体育赛事的媒体转播权市场开发模式未来必然会以新媒体转播权市场潜力开发为主。不过当前体育赛事媒体转播权的市场开发依旧处于一定的困境中，主要体现为以下四个方面：一是转播内容制作不够精细，还处于较为粗糙的阶段；二是体育赛事的媒体转播权市场开发力度尚且不足，毕竟国内体育赛事的媒体转播权市场开发起步较晚，真正将其潜力挖掘出来还需要较长的时间；三是体育赛事的媒体转播权市场开发对本土优质小项目的重视度不够，毕竟体育赛事的受众群体心理特征和社会需求有巨大的不同，只有满足不同受众群体的需求，才能挖掘出体育赛事媒体转播权的市场潜力；四是体育赛事媒体转播权的保护情况比较滞后，因此造成了很多盗播、侵权的现象。

在上述四个困境中，内容制作属于后续会提到的技术影响因素层面，转播权的保护则属于后续会提到的社会影响因素中的一环，因此此处仅对另外两个困境提出开发路径。

以体育赛事媒体转播权的市场开发力度而言，体育赛事媒体转播权市场开发应该扩大市场渠道，更新付费观看模式。

体育产业中的竞争关系和其他产业有所不同，其他产业通常可以分层次进行市场开发，而体育产业追求的是均衡发展，即体育赛事之中相同的项目、参赛队伍、运动员个体在实力方面需要不分伯仲，只有这样，体育赛事才能够贡献出比赛结果较难预料、竞争较为激烈、精彩点更多的比赛。

在新媒体兴起的时代，体育赛事的媒体转播权市场开发必须要建立一个较为公平、公正、公开的良性竞争环境。比如，需要规定体育赛事媒体转播权的具体内容；明确体育赛事媒体转播权的购买、转授和侵权的条例明细；在可操控的基础上，开放体育赛事媒体转播权份额，推动各媒体平台均能够参与到媒体转播权的谈判和购买中。另外，需要理顺体育赛事媒体转播权的主体和客体，推动参与体育赛事的俱乐部或运动队伍能够均衡发展，以便为观众提供更加精彩的比赛。

在建立体育赛事媒体转播权市场公平公正竞争环境的基础上，还需要更新付费观看的模式。可以从两个角度入手，一方面，要进行合理定价，需要根据不同的受众群体特征，针对不同类型的消费者制定多种会员付费模式，还需要根据中国经济发展特性和消费者接受度，制定出符合多数消费者消费水平且合理的价位，从而在不损害自身利益的基础上，完善会员付费制度。另一方面，需要挖掘各类增值服务来抵消付费模式带来的影响，要从观众的角度出发，考虑观众内心最渴求的需要，令观众在付费观看赛事转播时获得更多的满足，从而培养出观众的付费意识，提升观众的付费意愿。比如，媒体需要花费心思开发各种观众喜闻乐见的转播技术和转播手段，推动观众对媒体的黏性，以实现粉丝观众的培养和挖掘。在这种模式下，其他媒体为了提高观众黏性，同样会用心挖掘潜力，最终就能实现良性的竞争环境，不仅能够推动体育赛事媒体转播市场的开发，还能够促进先进技术快速应用到现实之中，从而加快科学技术研究的速度和应用推广。

就体育赛事媒体转播权市场开发对特色本土小项目重视度不够的现象而言，要改变思维模式，针对不同的地域特性和体育特色项目，挖掘和打造精品体育赛事，通过地方特色小众体育赛事来推动精品体育赛事体系的完善和建构。

精品体育赛事的打造需要保质保量，保质就是要确保体育赛事之中各个队伍的实力较为均衡，从而塑造出竞争激烈的氛围，令赛事更具观赏度和精彩度；保量就是要对体育赛事进行合理科学的分级，实现体育赛事形成合理范畴内的阶层性，这样就会使不同层级的体育赛事精彩度不同，比赛水平也会有所不同，但更能够满足多样化的观众群体的需求。

比如，体育赛事大体能够分为顶级赛事，类似奥运会、NBA等在整个国际上都是影响较大的赛事；洲际赛事，类似亚运会这种在某个国际范畴中影响较大的赛事；国家级赛事，类似CBA、CSL这种在整个中国影响较大的赛事；省级赛事，类似省运会、省市级联赛等，通常仅在省域范围具有影响力。

赛事的影响范畴越大，受众范围就会越大，其媒体转播范畴也就会更广阔，反之亦然。和体育赛事发达的国家相比，中国的精品体育赛事还有很大欠缺，这就造成一些赛事的竞争激烈程度不高，受众群体会流失，媒体转播热度也就会下降。因此，为了推动中国体育赛事的可持续健康发展，最核心的就是要打造精品体育赛事，但真正影响范围极大的精品体育赛事的数量毕竟有限，所以可以改变打造方向，通过推动地域性体育赛事的转播消费，来开发一系列地方特色体育赛事。

尤其是在中国地大物博且地域文化极为多样性的背景下，打造小众特色体育赛事，不失为媒体开发体育赛事媒体转播权的一种绝佳手段。通常不同地域的受众群体会对当地特色体育赛事极为关注，自然也会期望看到当地特色体育赛事的转播，因为这种特色体育赛事对当地人而言具有极强的地域亲和感和家乡亲切感。在这样的背景下，媒体可以通过挖掘和打造带有地域特色的小众体育赛事，一方面推动地方体育赛事的发展，另一方面也能够带动地方体育赛事媒体转播权的市场开发，还能够推动整个中国体育赛事体系的完善。

第三节　体育赛事媒体转播权交易的社会影响因素分析

体育赛事的媒体转播权交易情况，除了受政策和经济状况的影响之外，还受社会因素的影响，其中包括三个方面：一是人的影响，二是组织的影响，三是社会环境的影响。

一、人的因素对体育赛事媒体转播权交易的影响

在体育赛事媒体转播过程中，人的因素是最为关键的一部分。人的因素还包括两个层面：一是受众群体层面，即观众；二是供应群体层面，即运动员。

（一）观众对体育赛事媒体转播权交易的影响

体育赛事属于体育产业之一，其作为体育产业中的产品，最基础的消费群体就是观众，观众的观赛需求是体育赛事这项产品供应和需求的核心。

相对而言，参与体育赛事的项目和队伍的竞争均衡性、比赛结果的不确定性、对应地域观众的运动队伍的获胜概率等，均会对观众的观看需求有积极的影响，这属于体育赛事本身的观赏因素。

以奥运会为例，其属于全球范畴的体育盛事，有众多国家的体育代表团参与其中，抛去各种体育项目的观赏性，其中对观众观看积极性影响最深的，还是其本国体育代表团的水平和获胜概率。

奥运会的比赛中，运动员均是代表所在国家参赛，因为来自同一个国家，本国的观众自然会对本国运动员或代表团有所偏好；参与奥运会竞赛的

各类体育项目中，通常都是所在国家该体育项目中最强的运动员，明星运动队伍或明星运动员也会对观众的观赏需求产生影响。正是因为观众会对观赏有所需求和偏好，所以也会影响体育赛事的媒体转播权交易状况，需求度和偏好度越高，体育赛事的媒体转播权交易量自然就会越大。

同时，观众自身的教育水平、性别特征、审美观念、荣辱观念、职业方向、赛事喜好程度和关注程度等，均会对体育赛事的媒体转播情况产生影响，尤其是对体育赛事的喜好程度和关注程度，如有些观众偏好足球赛事，有些观众偏好篮球赛事，有些观众偏好小球类赛事，有些观众可能偏好田径类赛事，等等，不同的观众喜好自然会对媒体转播权的交易量产生影响，受众群体越广泛，体育赛事关注度就越高，其媒体转播权的交易量也相对较好。

除此之外，体育赛事的观众还分为两大类，一类是积极参与现场赛事的观众，另一类则是积极参与媒体转播的观众。相对而言，任何体育赛事的现场观众量都有很大的局限性，不仅会受时间、地域、场所、票价等因素的限制，还会受自然环境的影响，如露天类体育赛事易受气候的影响；季节性体育赛事，冬季项目会受到季节的影响，这些因素也会对观众量造成影响。而参与媒体转播的观众则不会受到太多自然因素的影响，其参与的形式、方法等更加灵活。

从观众层面而言，体育赛事的媒体转播权市场开发若想更进一步，就需要积极挖掘观众对体育赛事的兴趣点，提高关注度，只要拥有庞大的观众基数，媒体转播权的市场开发潜力才会得到更大的挖掘。

（二）运动员对体育赛事媒体转播权交易的影响

任何体育赛事的供应者最核心的就是运动员，运动员才是真正为观众供应精彩赛事的主体，这种绝对关系导致有著名运动员参与的体育项目或个人运动项目，会拥有更加庞大的受众群体，能够推动体育赛事拥有较高的媒体转播收入。

以奥运会为例，其中包括了众多的运动项目。不同的运动项目中，都会有一定数量的著名运动员，这些运动员所带来的明星效应足以影响观众对整个项目的观看热情。

整个奥运会赛事中，每个体育项目中的运动员均是其代表的国家中竞技水平较高的个体，对于对应运动员代表的国家观众而言，本国的运动员代表的就是本国该运动项目的最高水平，自然会受到本国观众的广泛关注，运动员所带来的聚焦效应，能够极大推动该体育赛事的媒体转播权的交易量。

其他体育赛事同样如此，以 NBA 为例，2000 年及以前一段时间，虽然 NBA 在中国的知名度较高，但对于 NBA 赛事极为关注的中国球迷却并不多。而随着 2001 年之后中国职业篮球队员陆续登陆 NBA，中国球迷对 NBA 赛事的关注度和热情一直在不断攀升，同时互联网技术的不断提高，使 NBA 赛事在中国媒体的转播情况一直呈现出良好的态势，NBA 赛事的媒体转播权收益自然也在不断攀升。

二、组织因素对体育赛事媒体转播权交易的影响

体育赛事的组织者或举办方以及体育赛事的转播商，都属于体育赛事媒体转播过程中的组织因素，其对体育赛事的媒体转播权交易情况也有很大的影响。

（一）组织者或举办方对体育赛事媒体转播权交易的影响

通常情况下，各类体育赛事中职业运动员的运动生涯相对短暂，因此很多优质的体育赛事具有培育周期长、资金投入量大的特性，某体育赛事想发展为影响力较为广泛且观赏性较强、观众接受度高且关注度高的体育赛事，通常需要数十年的时间逐步形成自身特有的组织文化，包括拥有诸多媒体企业参与，且形成体系化的人才培养模式，拥有大量优秀运动员等条件。

这种特有组织文化的形成和发展，与体育赛事的组织者或举办方的精心培养息息相关，这不仅是一个极为漫长且复杂的过程，而且过程中还需要与其他体育赛事争夺观众群体。

整体而言，全球各类体育赛事中，广受观众喜爱和关注的大型体育赛事并不多，而且已经形成了对应的"二八规则"态势，即有 20% 的体育赛事会受到 80% 的关注，这也就导致体育赛事媒体转播权的竞争极为激烈。

在诸多体育赛事中，处于观众关注序列第一位的就是已经具有百年以上历史的、每四年一届的夏季奥运会，以及即将百年同样每四年举办一届的冬季奥运会。冬季奥运会和夏季奥运会均属于综合性赛事，不但涉及的体育项目众多，而且均是由各参赛国家的顶级运动员和代表团参与，因此代表了不同国家各类体育项目的顶级水平，所以奥运会赛事的竞争极为激烈，且运动竞技水平极高，观赏性自然处于顶级，受众群体广泛分布于全球各个国家。

处于观众关注序列第二位的，则是精彩绝伦的单项体育赛事，包括足球世界杯、田径世锦赛、篮球世锦赛、世界游泳锦标赛、欧洲杯足球赛、欧洲足球冠军杯等，同样涉及了不同的体育项目，而且多数属于世界范围内的赛事性质。不过因此类体育赛事均属于单项运动项目，因此受众群体的黏性较高，持续时间也更长。

处于观众关注序列第三位的，是各种单项赛季制的职业联赛，包括NBA、NFL、MLB、CSL、欧洲足球五大联赛等，此类体育赛事更具地域特性，如 NFL 在美国和英国均是极具号召力的运动，但相对而言其在亚洲的发展较晚且影响力较小，受众群体也很小；CSL 在中国受到极大关注，甚至随着其影响力的延伸，其在世界足坛的影响力也在不断攀升，但相对欧洲杯足球赛和欧洲足球冠军杯而言，其地域性特征影响更大。

除了体育赛事长期培养所打造的影响力之外，体育赛事组织者或举办方针对媒体转播权所制定的销售策略以及提供的产品服务等，也会极大影响体育赛事媒体转播权的收入。

针对销售策略而言，不同的体育赛事需要制定对应的、最为适宜的产品分类销售手段，如奥运会的媒体转播权在国际奥委会手中，因为其赛事涉及的体育项目极多，因此国际奥委会开始逐步对奥运会赛事的转播权进行分类销售，根据不同体育项目所涉及的各地区的具体情况来分类销售转播权，这种销售手段不仅能够广泛传播奥林匹克精神和运动，还能够促使各类体育项目的媒体转播权顺利销售。

另外，不同的体育赛事也需要不同的销售方式，如有些体育赛事会将电视转播权与新媒体转播权分开销售，有些体育赛事则会将其进行捆绑销售；有些体育赛事会将媒体转播权进行独家销售，也有些体育赛事会将媒体转播权进行非独家销售。以奥运会为例，国际奥委会对媒体转播权的销售采用的是竞拍+谈判的方式，竞拍可以推动媒体转播权的价格更高，而谈判则能够更好地维护奥运会与不同转播商之间的合作关系。

针对提供的服务和产品而言，主要涉及的是体育赛事转播过程中所运用的转播技术、传播范围、转播画面质量、赛事拍摄技术、传播终端等，以及体育赛事的播放模式，包括直播、点播、转播、集锦、解说、分析、回放、重播等。随着信息转播技术的不断发展，以及观众群体的需求更加细化、精准化、高质量的服务和多样化、多元化的产品，将会是未来体育赛事媒体转播的发展方向，若能够更契合观众的需求，为观众提供更精彩的转播服务和产品，体育赛事媒体转播权的交易收入自然也会水涨船高。

（二）转播商对体育赛事媒体转播权交易的影响

转播商是体育赛事转播市场的中间环节，不同的转播商从体育赛事组织者或举办方处购买媒体转播权，最终会形成体育赛事的转播市场；另外，转播商还会为体育赛事的观众和广告商提供体育赛事相关的各类赛事节目，包括信息解读、排名、专业分析等节目，从而又构成了体育赛事对应的节目市场。

相对而言，转播商更像是体育赛事转播过程中的中介组织，连接的是体育赛事本身和观众、广告商。而且随着媒体平台的多样化和多元化发展，转播商的数量和影响范围也在不断增加，这就使体育赛事的媒体转播权交易方向和方式更加多样，交易竞争程度也会得到提升，从而提高交易收入；另外，转播商的数量和影响范围增加，也会增加各类体育赛事的转播时间，不仅会对更广泛的观众群体产生影响，还会使竞争环境更加公平、公正、公开，从而变相推动体育赛事质量的提高。

三、社会环境对体育赛事媒体转播权交易的影响

随着体育赛事媒体转播权市场的不断开发，媒体的种类和数量也在不断增多，这种媒体转播的便利性同时也使盗播和侵权现象滋生，尤其是中国媒体转播权的保护体系并不健全，侵权现象不仅会损害转播商的利益，还会损害体育赛事媒体转播权的交易利益，甚至会破坏整个媒介行业的良性环境。

（一）数字化时代体育赛事转播权侵权现象分析

互联网技术的广泛普及，使其自带的自由共享和实时传输特性得到了体现，而这些特性也使得盗播和侵权更加容易，从而使很多盗播平台极为猖獗，也使很多体育赛事在未经授权的条件下，被广泛直播、录播、点播等，对体育赛事组织者或举办方，以及体育赛事转播权的购买者影响极大。

数字化时代所造成的体育赛事转播权侵权现象主要有两类形式：一类是未经授权许可便可以进行实时转播，这种类似直播的形式对转播商的影响极大，不仅会导致观众分流，还会使利益遭到损害；另一类则是未经授权许可就提供点播或链接，同样会造成转播商利益受到极大损害。

之所以会造成这样的现象，和国内体育赛事转播权保护体系不够健全关系重大，主要体现在以下几个层面。

一是法律层面没有形成专门的法律对体育赛事转播权予以保护。虽然相关的《中华人民共和国著作权法》《中华人民共和国刑法》《中华人民共和国

民法典》《中华人民共和国体育法》等均涉及了转播权的内容,但依旧缺乏具体且明确的专门法律条文对媒体转播权予以全面和系统的保护。

二是行政层面并未形成强有力的监管系统。虽然在重大体育赛事方面,包括奥运会、亚运会等,行政系统会对赛事的转播权予以重视和加强保护,但相对而言并未真正形成完善健全的体系,行政力度和保护效果并不尽如人意。除重大体育赛事之外,行政体系对其他体育赛事的转播权保护重视度还不够。

三是转播权的权属不清且维权成本高。国内的体育职业联盟起步较晚,且多数体育赛事均是由各个体育协会承办,所以体育赛事媒体转播权的权属不够清晰,无法形成一套合理有序的权属分配体系,无法有效共同维护体育赛事的转播权利益。另外,国内体育赛事出现转播侵权行为后,后续的维权成本极高,一方面是因为法律体系并不健全,另一方面则是因为盗播侵权成本低且数量大,维权过程艰巨且长久。即使维权成功后所得到的利益赔偿和致歉,均对转播商和承办方的弥补作用不大。

四是转播权的细化分支尚存在矛盾,即传统电视媒体转播权和新媒体转播权之间存在矛盾。传统电视媒体通过长时间的运作积累了足够的体育观众,也为很多体育赛事组织者或主办方贡献了极高的利润,但随着新兴互联网和移动媒体的快速发展,传统电视媒体所积累的大量观众快速转移到了新媒体平台。媒体转播权的侵权行为也有很大程度是盗取电视信号内容,将其在网络平台进行转播,这就使传统电视媒体转播权和新媒体转播权之间形成了担责矛盾。

(二) 数字化时代体育赛事转播权保护措施

媒体转播权的保护,需要针对引起侵权行为的各个因素进行融合完善,即通过法律层面、行政层面、权属层面和细化分支层面完善保护措施。

首先,针对法律层面,需要积极借鉴各国版权法的设置,对体育赛事转播权的权利主体、权利客体、权利内容、权利范畴、行使权利方式、侵权责任、惩戒手段等进行细化,以便形成体育方面的最高法律支撑和法律保护。

另外,需要对知识产权法进行适当扩充,补全相关体育赛事的版权保护内容,以便规范体育赛事的转播市场体系。在法律健全的基础上,还需要针对性地完善体育赛事转播的管理体系,可以在现有体育赛事转播侵权行为的基础上,完善对应的司法体系和执法体系,通过严格执行对应的法律法规,使侵权行为得到应有的惩戒,最终才能够从法律层面完善体育赛事转播权。

其次，针对行政层面，需要根据现今体育赛事转播侵权行为的复杂性，融合多方行政机关的力量，建立完善的行政监管体系，包括广播电视主管部门、版权保护部门、公安机关、工业和信息化部门、通信管理部门等。要对各行政机关进行合理而明确的分工，从侵权线索取证、侵权行为查处、侵权案件移交、转播权监管等内容进行完善，保证整个转播权保护渠道的畅通。

另外，行政机关要突破原有的传统权益保护方式，通过广泛吸纳新技术、创新新方法、开创执法方式、加大执法打击力度等手段，形成体育赛事转播权的保护体系，成为实现体育赛事转播权保护的坚强后盾。在此基础上，需要通过对保护体育赛事转播权的宣传和科普，推动广大观众形成版权意识，避免出现赛事现场拍摄录像等侵权行为；通过引导观众付费观看体育赛事，来提高观众对体育赛事转播权的自发保护意识，从而发挥群众对盗播侵权行为的监督和举报作用。

再次，针对权属层面，需要及时明确体育赛事组织者或主办方的权利和义务，明晰体育赛事转播权的归属，细化体育赛事转播权的开发规范。需要从体育行业相关部门和协会着手，明确其在体育赛事转播权开发过程中的职责和地位，明确转播权的种类、适用范围、转让模式、交付方式等，以及对应的决策权、经营权、收益权的具体归属，以便清晰体育赛事转播权的权属。

在此基础上，体育赛事相关组织者和参与者均要挖掘和激发自身对转播权保护的意识和义务，如可以借鉴国外体育赛事场馆的准入限制，在赛前可以和场馆签订相关协议，规定允许哪些转播机构进入场馆进行拍摄或转播，并明确赛事记者的权利，避免转播权的侵权行为出现。

最后，针对转播权的细化分支层面，在体育赛事组织者或主办方进行赛事转播权的销售时，需要将电视转播权和网络转播权的归属进行细化明晰，而且要明确互联网媒体的职能属性，将赛事的网络转播权进行再次细分开发，如网络直播权、网络转播权、长视频转播权、短视频转播权、剪辑视频转播权、集锦视频转播权等。

要根据互联网媒体的属性对细化后的网络转播权进行适宜性出售，如微博和推特等具有强烈的社交智能，属于社交类平台，因此要强化互动，可以将视频类转播权进行授权；而腾讯平台则属于媒体平台，具有媒体职能，因此要强化转播内容的权威性，可以将直播权和转播权进行授权。另外，互联网媒体职能属性不同，所面对的观众群体也会有所不同，影响力和覆盖面同样会有所差别，因此也需要将这些因素考虑在内。

通过对转播权的细化分支，对互联网媒体的职能属性划分，能够实现体育赛事转播权的细化开发，同时不会引发获取转播权的各方转播商出现利益冲突，从而推动健康良性的体育赛事转播市场的建立。

第四节 体育赛事媒体转播权交易的技术影响因素分析

体育赛事的媒体转播权其实是体育赛事本身价值的延伸和扩展，通常由转播商对赛事进行包装和制作，并对产品进行加工，有效提高收视率和购买率，从而获得更多的收益，这种包装和制作就是体育赛事媒体转播权开发的核心基础，也是转播商得以运用付费盈利模式发展的根本。

一、体育赛事转播技术影响因素分析

转播商在购买体育赛事媒体转播权后，需要针对所获取的权限，对体育赛事进行实时转播、再现现场画面、进行后期策划、提供后续加工，甚至对赛事进行解说分析等，然后将上述的内容进行全方位、多角度、不同平台或终端进行传递等，这些均属于体育赛事转播的内容制作范畴，属于通过提升体育赛事转播质量来加强转播权价值攀升的手段，更是转播商得以获取更多收益、吸引更多用户、获取更多用户黏性的重要基石。

可以说，体育赛事转播内容的制作是转播质量的外在体现，观众所接触的就是最终制做出的内容。2014年之后随着中国在政策层面放宽体育赛事的转播权限制，越来越多的媒体和平台开始加入体育赛事转播权的市场竞争中，但是在高价获得体育赛事转播权之后，因为对转播内容的制作处于探索阶段，所以在很长一段时间里体育赛事的转播内容质量差强人意，根本无法令观众满意，这就在很大程度上影响了后续媒体转播权交易的价格。

国内体育赛事转播商对体育赛事的转播内容制作方面存在的问题主要集中在以下几个层面。

一是转播技术方面，虽然多数体育赛事转播媒体会在比赛转播时开启超高清蓝光画质，但受网络传输速度、网络传输内容和转播信号的影响，有时会导致体育赛事的转播画面卡顿，加载速度慢乃至黑屏，也会导致转播画质不清晰，从而严重影响观众的观赛体验和感官体验。

二是转播内容的制作技术方面，这一点在新晋互联网转播媒体方面最为明显，有些转播媒体其实并未形成专业的转播制作团队，所以导致转播的内容质量较差。

其主要体现在以下几个方面：首先，解说员的专业素质参差不齐，比如一些解说员的解说方式不够新潮，过于老派，解说过程中专业词汇口误频繁，解说和分析的内容还会带有一定私人色彩，解说激情度不足等，从而令赛事解说的质量明显偏差。

其次，赛事的拍摄技术层面尚有很大不足，如有些转播媒体只会在体育赛场安放数个机位，因机位过少无法多视角、多维度拍摄，从而导致体育赛事的画面感和完善度都有所不足。

再次，有些转播媒体的导播技术明显不足，在整个体育赛事中，机位采景只是最基础的部分，很多体育赛事的精彩程度都依托于不同场景、不同镜头之间的适时切换和融合，包括赛场观众特写、教练员特写、裁判特写、运动员特写等，都是展现赛事内涵的重要节点，但因为导播技术不足，有些转播媒体无法重视或无法做到镜头语言完美表达体育赛事的目标，从而无法使体育赛事中的细节、精彩性、冲突感、画面感进行充分展现，严重影响了场外观众观看赛事的兴致。

最后，转播媒体在进行转播过程中，没有切实做到与观众形成互动，内容创新度不足，这些情况都会影响体育赛事的转播内容质量。

三是多数转播媒体在各类传播媒介融合技术方面有很大不足，如电视转播和互联网转播没有实现联合；PC端、手机端、平板端无法形成多屏联动效果，使得体育赛事的精彩程度明显不足。媒介融合技术的不足主要体现在以下几个方面。

首先，媒介融合并非不同媒介的简单组合，从技术层面而言，这是一项复杂而艰巨的长期工程，虽然有些转播媒体已经在尝试媒介融合，甚至已形成了基本的媒介融合框架，但多数仅仅着手于技术传播方式的增加和融合，并未做到深度融合。

其次，多数转播媒体所进行的媒介融合互动性不够，如当一个转播媒体同时拥有多种形式的媒介转播方式时，需要通过不同媒介平台、不同转播形式，运用互动、协作的方式使体育赛事的资源进行进一步开发、整合，这样才能令赛事转播效果最大化。即媒介融合要发挥出不同媒介的优势，实现彼此互动后的优势互补，但当前多数转播媒体并未实现媒介的整合式发展，只是形式的简单组合，媒介之间并未达成互动协作和优势互补的效果。

最后，体育赛事的内容开发，并非简单的资源共享和重复利用，对内容进行再生产、再开发、再融合才是最终的目的。当前，多数转播媒体仅仅是对相同的内容进行复制，从而令其在不同的媒介中传播，根本没有真正深入和渗透到内容开发层面，对不同媒介的传播特点、接收终端的特点、观众群体的特点都未进行深入研究和分析。

二、体育赛事通过技术发展提高转播质量的路径

体育赛事的转播质量受技术发展的影响，而转播质量的高低也会影响体育赛事媒体转播权交易的情况，当体育赛事的受众群体对转播质量认可并接受度较高时，转播商能够得到的回报也就越高，使体育赛事媒体转播权交易时会更加顺畅，价位也会更高。

通过技术发展来提高体育赛事的转播质量，可以从以下几个方面着手。

首先，体育赛事的转播技术方面，需要积极进行对应技术的创新，提高体育赛事的观赏性。国内体育赛事的转播权信号采用的是制播分离方式，因此体育赛事转播商可以和内容制作企业进行深入合作，打造一批优质的技术队伍，以便制作水平更高、传播更顺畅、画面更清晰的转播体育赛事画面。

具体可以从以下几个角度加强技术支持。一是体育赛事现场拍摄技术，需要采用多机位拍摄，如借鉴 ESPN 对 NBA 的转播模式，在赛事中的不同位置安放了 24 个摄像机，能够为观众提供 360°无死角的全景内容。通过全景拍摄、高清相机和飞猫镜头等先进拍摄技术，为观众提供多视角、多维度的比赛画面。

二是应用技术可以达到的最高清画质，并加强转播信号的传输速度和容量，不论是电视转播还是网络转播，都应该极力避免因为网络信号不足的问题产生画面的卡顿和延时等，减少这些影响观众观感的问题，提高观众对体育赛事转播的认可度。

三是融合先进观看技术，为观众提供更丰富、更多样的观赛体验，如将 AR 技术和 VR 技术、全景拍摄技术以及 3D 技术相融合，为各种媒介平台上的观众提供多视角、跨屏互动的观赛效果，同时可以将演播室中的嘉宾和解说员融合到体育赛事现场，尤其是可以适当将观众视角融合到赛事现场，提高观众的观赛现实感和真实感。

四是要开发先进的弹幕筛选和审核屏蔽技术，实现观众在观赛过程中实时互动交流的同时，减少口水信息和影响观赛感官的信息出现，通过互动的形式提高观众的参与感，有效提高观众的兴致。

其次，深耕体育赛事转播内容的制作技术和包装技术，如借鉴 ESPN 为体育赛事的转播打造专业演播室，在主持和解说方面需要建立专业的团队，尤其要避免山寨词汇和出现专业术语错误的现象。在整个演播室转播解说过

程中，不仅要有专业解说，还需要有互动，通过演播室、赛场和观众的融合来提升观众的观赛体验。

在此基础上，可以将体育赛事转播和娱乐综艺节目进行融合，打造相关体育赛事的衍生创意节目，通过观赛、娱乐相结合的形式提高观众对体育赛事的深入了解，培养观众的观赛意识。

最后，提升体育赛事媒介融合技术，可以从三个角度提高媒介融合，一是新媒体和传统媒体的优势互补融合，如新媒体网络数字化技术具有覆盖面广泛、传播速度快、跨屏转播互动等优势，而传统电视媒体具有画质清晰度高、转播信号稳定等优势，可以将两者的优势进行融合互补，在此基础上还可以积极与社交媒体平台展开合作，开发多种赛事节目表现形式，及时通过全媒体平台发布赛事信息，也可以制作对应的动图来提高欣赏度，为观众提供更加多样化、多元化的观赛选择。

二是加强媒介的深入融合，如利用网络媒体广泛的覆盖率和观众流量，将体育赛事的精彩瞬间进行视频集锦，通过各种媒介平台进行覆盖性宣传，不仅能够提高观众的观赛感受，还可以创新内容展示形式，令观众拥有更加愉悦轻松的心情，可以更好地提高观众黏性。

三是内容制作要符合各种媒体和媒介平台特性，针对不同媒体平台的观众，进行观众的喜好、特性分析，通过大数据技术为对应的观众提供最适宜的转播内容。可以借助各种媒介的特性，将体育赛事的内容进行统一制作，然后根据全媒体覆盖的形式各取所用，通过不同终端和媒介向观众提供各具特点的内容，实现体育赛事的内容潜力最大限度地开发和利用。

第五节 体育赛事媒体转播权交易的作用模式研究

体育赛事的媒体转播权交易情况，体现的是体育赛事转播权的价值，因此体育赛事转播权的价值体系会对其具体的交易价格产生巨大的影响，其作用模式与六个维度的内容息息相关，分别是体育赛事本身、赛事媒体转播权的内容、受众群体的结构、受众群体对明星的感知度、受众群体对赛事的感知度、转播商的价值需求等。

一、体育赛事转播权作用模式的维度分析

在整个体育赛事转播权的作用模式六个维度中，体育赛事本身占据的权

重是最高的，可以占据总权重的一半左右，即体育赛事本身是影响其转播权交易价格的核心。

体育赛事本身的维度还包括赛事等级、赛事规模、赛事项目、赛事市场开发、赛事赞助情况、赛事周期、赛事时间跨度、赛事举办地八个指标信息，这些指标信息反映了体育赛事本身的潜在商业价值和影响力，也是赛事转播权价值开发的基础。

通常情况下，赛事等级、赛事项目、赛事规模与该体育赛事的影响力和商业价值呈正向关系，赛事的等级越高、项目越知名、规模越大，其影响力和商业价值也就越高；赛事市场开发情况、赛事赞助情况、赛事举办地则与该体育赛事的商业价值呈正向关系，赛事市场开发情况越好，赞助越多，举办地越发达，该赛事的商业价值也会越高，这是赛事价值的判断标准和价值基础；赛事周期和赛事时间跨度均与该体育赛事的影响力呈正向关系，赛事周期代表了赛事的举办频率，赛事的时间跨度则代表了赛事跨越时间长短，这些都与赛事的影响力有关。

体育赛事转播权的作用模式中，其他五个维度的内容共占据一半的权重。其中，赛事媒体转播权的内容主要指的是赛事版权内容中的媒体转播权，其版权内容是价值开发的核心，媒体转播权只是其中的一部分，如国际顶级赛事的媒体转播权收入能够达到该赛事总收入的40%～50%，而国内体育赛事的媒体转播权收入在2021年达到30%左右，说明其价值潜力依旧巨大。

受众群体的结构主要包含受众群体的性别、收入情况、教育状况、职业方向四个指标，不同指标体系下受众群体的消费能力、消费观念和欣赏水平会有所不同，尤其是消费观念和消费能力的高低，对体育赛事转播权的交易状况影响较深，受众群体的整体结构代表着价值开发的市场潜力。

受众群体对明星的感知度主要包括观众对运动员的专业性、运动员的身份因素、运动员的人格吸引力、运动员的社会影响力、运动员的风险评估和观众自身的年龄结构六个指标，前五个指标所对应的是运动员的成绩、体育项目特征、外表、性格、道德精神、性别、国籍、地域、成绩稳定性等，是观众对明星运动员的情感和熟悉度。最后一个指标则是观众角度的年龄特性，其会影响观众对明星运动员的感知度，通常年轻观众更喜欢追星，并具有更强烈的消费热情。

受众群体对赛事的感知度主要包括观众对体育赛事的关注度、认可度和参与度三个指标，其中关注度指标对应的是观众对体育赛事的关注意愿和关注频率；认可度指标对应的是观众对体育赛事的好感和忠诚度，其高低决定了观众转化为消费意愿的难易；参与度指标则对应的是观众直接参与体育赛事消费的意愿和程度。这是一个递进的关系，需要通过提升观众对赛事的关注度和认可度，来逐步调动观众对体育赛事的消费能力。

转播商的价值需求主要包括转播商的品牌形象、竞争优势和盈利能力三个指标，是体育赛事转播权的价值得以开发和实现的导向，不同的转播商会拥有不同的价值需求，这就使体育赛事转播权的开发和实现模式有所不同。

二、体育赛事媒体转播权作用模式的开发路径

在整个作用模式六大维度中，体育赛事本身、涉及受众群体的三个维度等都是体育赛事转播权价值开发的参照物和目标，实现对赛事转播权价值的开发，提高转播权交易额度，实质就是通过挖掘体育赛事本身的价值、挖掘受众结构和对赛事的感知、挖掘运动员的明星效应，来实现赛事转播权价值的提升。

（一）明确挖掘体育赛事转播权价值的导向

上述所涉及的关键因素，就是体育赛事的等级、规模和市场开发程度，受众群体的结构优化和分析，体育赛事的影响力挖掘和观赏性提高，赛事中运动员水平、性格、品质的综合提升等。

这些因素的实现，需要转播商能够以挖掘转播权价值为导向，从市场的角度出发，根据自身的特定目的需求，逐步建立属于企业和体育赛事结合体的竞争优势。提高企业和体育赛事竞争优势有两个渠道，一个是企业利用赛事的品牌形象来提升自身的品牌价值和产品附加值，此类价值挖掘依托的是较为成熟的体育赛事，包括奥运会、世界杯等；另一个是切入体育产业来突破企业发展壁垒，实现企业的战略转型。

（二）利益主体明确，确定转播权价值开发目标

明确了挖掘转播权价值的导向，下一步就需要明确转播权的利益相关主体，洞悉转播权价值开发的重点目标。这需要利益相关主体，尤其是转播商要对体育赛事的情况、运动明星的情况、受众群体市场情况等进行评估，在做出购买赛事转播权的抉择后，要根据评估，明确转播权交易价格区间，同时在此基础上制定转播权价值开发的策略。

具体的策略需要从两个角度实现突破。

第一个角度是加强体育赛事的制度建设和物质建设，通过此角度来提升体育赛事本身的价值，以及体育赛事转播过程中受众群体的体验。其包括体育赛事周期调整，保证赛事的赛季完整连贯；优化赛事的比赛制度，实现水平均衡发展，提高比赛的对抗性和话题性，当然此前提是达到体育赛事本身的职业水平，这样才能够在吸引受众的同时，提高受众的关注度和好奇心；加强体育赛事的管理制度建设，尤其是明星运动员的形象建设和培养，要做到专业水准和道德品质同步提高；优化赛事场馆设施和转播设施的建设，持续引进先进技术，以便带给观众更好的赛事体验，培养观众的观赛情感。

第二个角度是加强体育赛事的文化建设，即通过丰富体育赛事的文化内涵来建构观众对赛事寄托情感的基础。通俗来说就是要加强体育赛事的精神层面建设，通过丰富体育赛事的文化内涵来将其转化为转播权的潜在价值，也可以通过精神建设来激发受众对体育赛事的消费意愿，挖掘体育赛事的潜在消费市场。

以国内体育赛事而言，要充分挖掘中华民族优秀传统文化和优秀地域文化特色，并有意识地将这些优秀文化融入体育赛事的品牌建设中，之后通过创新体育赛事内容和表达，将优秀文化元素进行恰当表现，包括吉祥物、运动精神、运动口号、运动徽章等，通过融合文化元素的赛事推广和宣传，来提高观众对体育赛事的深入认识和理解，从而提高观众对赛事的认可度，同时潜在的文化表现会逐步提高地域观众的情感联系，也会逐步令体育赛事拥有特色文化，最终产生转播权的文化价值。

（三）认准目标实现转播权价值的开发

从整个体育赛事媒体转播权的作用模式角度分析，实现转播权价值的开发，需要发挥体育赛事组织者或主办方、转播商的协同合作能力，全产业链、全媒体覆盖开发转播权的价值。

体育赛事的全产业链，包括上游以赛事为核心的赛事运营，中游以媒体转播为主的赛事营销，以及下游以体育赛事相关行业和衍生行业的培养。赛事运营需要以体育赛事组织者或主办方为主体，确保实现体育赛事运营过程中的制度完善和设施建设，打造良性的发展环境，为提高体育赛事的质量和水平打下坚实基础。

赛事营销则需要以转播商为主体，逐步引导受众群体形成付费观看赛事的习惯，打破无偿转播模式，同时可以挖掘转播权的二次分销潜力，充分挖掘地方媒体的转播能力，结合文化培养来提高观众的情感基础。

衍生行业的培养则建立在赛事消费者对体育赛事高度认同的基础上，在拥有足够黏性、足够基数的受众群体后，积极开发体育赛事相关衍生产品的开发，主要体现体育赛事的特色和文化元素，产品的形式要多样且多元，覆盖所有受众群体，销售方式则需要灵活多变，避免完全依靠普通的销售手段。

衍生行业培养可以依托赛事营销提高受众群体的关注度，可以在进行赛事转播过程中，潜移默化地融入衍生产品的元素，从而推动受众群体快速接受衍生产品，最终形成消费力。

第四章 数字化环境下体育赛事传播模式的嬗变与特征

数字化环境为信息资源传播提供了更为广阔的平台，信息资源传播的形式也由此变得更加多样化，体育赛事传播模式的发展也是如此。然而，数字化环境的形成要经过较长的时间积淀，体育赛事转播模式也在这一过程中表现出了明显的时代特征。对此，本书在创作的过程中，将数字化环境下体育赛事传播模式的嬗变与特征作为基础，进而为深层次探究数字化环境下，我国体育赛事全媒体转播权交易机制提供了极为有力的前提条件。

第一节　体育赛事传播打破垄断面向全媒体方向发展

从当今时代发展的大环境角度出发，"数字化"和"全媒体"已经成为时代发展的代名词，成就了我国各行各业中的各个领域，实现又好又快发展。体育赛事传播途径也随着时代的发展正在迈向又好又快的发展道路，其中最为明显的体现就是打破传播途径的垄断，面向全媒体方向发展。笔者会将其分为四个小点加以阐述，希望能够为广大学者和体育电视传媒工作者带来一定的帮助。

一、体育赛事传播垄断现象的出现

众所周知，有市场就会有竞争，有竞争必然会或多或少、或隐或现地存在垄断现象，体育赛事传播领域也是如此。虽然我国体育赛事转播市场起步较晚，但发展进程却是有目共睹，令全世界叹为观止，可是依然也会或多或少地存在体育赛事传播垄断的现象。为此，笔者在下文中就先针对我国体育赛事传播途径颠覆性的改变过程，以及我国体育赛事传播垄断现象的形成过程进行阐述，由此为体育赛事传播打破垄断奠定坚实的基础。

（一）我国体育赛事传播途径颠覆性的改变

时代发展的进程是否始终又好又快，需要与过去进行对比，由此方可得到最为直观的体现。我国体育赛事转播权交易市场的出现，不仅意味着时代的进步与发展，还说明体育赛事传播途径发生了改变。而在新媒体时代的背景下，体育赛事传播的途径不仅体现在广播和电视上，还体现在网络直播和网络转播上，并且在当今时代背景下还有更多的传播途径，故而也标志着我国体育赛事传播途径已经实现了颠覆性的改变，表4-1所呈现的相关信息就能够充分说明上述观点。

表 4-1 我国体育赛事传播途径的改变

体育赛事	传播途径	机构名称	年份
1951年中苏男篮比赛	广播	中央人民广播电台	1951年
《赛场纵横》洛杉矶湖人队季后赛集锦	电视转播	中国中央电视台	1986年
第二十四届夏季奥林匹克运动会（首尔）	电视转播	中国中央电视台	1988年
第十五届世界杯足球比赛	电视转播	中国中央电视台	1994年
北京奥运会重要赛事	网络直播	PPLive	2008年

通过表4-1所呈现的相关信息，不难发现我国体育赛事最早出现于1951年，传播途径只有"广播"一种。随着时代的发展，1986年我国第一次转播了NBA赛场中的相关视频信息，在随后的几年，又陆续完成了奥运会和世界杯比赛的赛事转播，转播途径以电视转播为主，转播权主要集中在中央电视台。随着时代的发展，中国逐渐进入了新媒体时代，网络媒体平台转播途径逐渐出现，并且体育赛事转播权交易市场业逐渐放开，开始有了网络媒体平台转播体育赛事的成功案例，最为典型的就是PPLive以网络直播的形式对北京奥运会的重要赛事进行了直播报道，这也揭示着我国体育电视转播权交易市场逐渐形成，并且逐渐走向开放化发展之路，体育赛事转播途径随着时代的发展也发生了颠覆性改变。

（二）我国体育赛事传播垄断现象的形成

我国体育赛事转播市场经历了从无到有、从小到大、从大到强三个阶段，最终形成了当今时代的发展规模，发展道路虽然坎坷，最终的结果显然与时代发展的大趋势相统一。但是，其中也蕴含着一个潜在的现象，即传播途径垄断现象在不知不觉中形成。这一观点在表4-2的数据中得到了充分体现。

表 4-2 我国体育赛事传播途径与成果统计表

我国体育赛事平台	数量	收视份额（以 2018 年为例）
央视体育频道	3 个频道（CCTV5、CCTV5+、风云足球） 1 个网络媒体平台（CNTV）	73%
省级电视台体育频道	24 个（五星体育频道等）	27%
省会级地市台体育频道	7 个（南京电视台文体频道等）	
地市级电视台体育频道	9 个（宁波电视台都市文体频道等）	
网络媒体平台（极具影响力）	4 家（腾讯体育、搜狐体育等）	

通过表 4-2 所呈现的相关数据与信息，不难发现我国省、市、地方电视台体育频道数量较多，但是在收视份额上仅能占到体育赛事转播年度收视总份额的 27%，主要涉及的体育赛事包括 NBA 联赛、英超联赛、欧冠联赛等，具有极强的大众性。虽然央视只有两个体育频道，但在体育赛事转播收视份额上，能够占到体育赛事转播年度收视总份额的 73% 之多，涉及的体育赛事除了具有大众特性色彩的体育赛事之外，还包括 WTA 女子网球联赛、ATP 网球大师赛、F1 世界一级方程式锦标赛等，能够满足不同受众群体日常娱乐、休闲、生活中的各种需要。其间，诸多赛事转播活动中，都会将中国中央电视台作为特约转播方，享有极多的体育赛事转播权，进而在无形中也形成了一种垄断。然而，在这里必须要以客观的角度去分析、去阐述，在当时的历史背景下，中国体育赛事传播只有央视具备这一能力，所以必须要肩负起这一重任，并不能将其严格定义为体育赛事传播的垄断。随着时代的发展，进入当今数字时代，全媒体转播已经成为体育赛事转播领域时代发展的大趋势，这一现象也随之得到了根本性改变，也成就了我国网络媒体平台在体育赛事转播市场中的发展。

二、国外先进传播理念的引入

中华儿女向来都有"古为今用，洋为中用"的素养与品质，这也成就了我国在不同时代各个领域的进步与发展。在体育赛事传播领域，我国在"摸着石头过河"的过程中，不断学习国外先进的体育赛事传播理念，进而也成就了当今体育赛事传播行业的飞速发展，为数字化环境下我国体育赛事全媒体转播权交易市场的飞速发展插上了腾飞的翅膀。

（一）利益相关主体的多样化

该理念是基于"利益相关者"理论所提出的，明确指出任何市场和任何交易的形成都有利益相关者存在，并且利益相关者越多，市场和交易才能保持可持续性，个体所要面临的利益风险就会随之降低。针对体育赛事传播途径的形成而言，利益相关者中最为主要的就是赛事经营方和赛事转播方，赛事经营模式和转播权交易后的经营模式必然会使市场发展实现可持续性，并且最终达到又好又快发展的态势。但从我国传统的体育赛事传播理念出发，利益相关者集中指向于体育赛事经营方和某一体育赛事转播方的利益相关者，还有很多潜在的利益相关者需要进行深度挖掘，这显然与国外体育赛事传播模式构建中的理念形成了鲜明对比，具体如表4-3所示。

表4-3 国内传统体育赛事传播理念与国外体育赛事传播理念对照表

利益相关者的构成	国内	国外
利益相关者1	体育赛事经营方	体育赛事经营方
利益相关者2	央视体育频道	国家电视台
利益相关者3	无	有线电视频道
利益相关者4	无	有线电视网络经营商
利益相关者5	无	其他媒体支持

通过表4-3所呈现出的对比信息，可以看出我国传统的体育赛事传播理念中，利益相关者因素与国外相比，存在明显的欠缺，我国传统体育赛事传播理念更加强调转播权交易对象要具有较大的受众范围，以最为直接的渠道满足受众最为普遍的需求，但是转播权交易对象所涉及的范围较小，传播途径中的容量固然相对较小，在一定程度上限制了体育赛事转播权交易市场的发展，体育经济发展进程也会由此受到与之相对应的影响。随着我国进入数字化时代，全媒体已经成为我国媒体行业发展的新趋势，我国在政策层面为体育赛事传播途径方面提供了强有力的政策支撑，进而利益相关主体的多样化也成为我国当今时代背景之下体育赛事传播的新理念，对我国体育赛事转播行业的发展起着强有力的市场推动作用。

（二）公共媒体融合体育赛事传播

从时代发展角度分析，数字化环境必然会有诸多新的产物出现，媒体传播领域自然也会形成媒体化发展新局面，而这也正是我国当今时代发展所处的局面。就体育赛事传播领域的发展而言，新媒体时代的到来让人们改变了只能靠听的过程去了解比赛这一局面，赛事本身的视觉传达效果更为突出。随着时间的推移，众多新媒体相继出现，并且互联网技术的飞速发展让网络信息的承载量变得更大，能够使网络信息传播的范围更广，这也让社会全面进入了新媒体时代，公共媒体成为信息传播的新视角，在国外已经全面兴起并得到了长足发展。在我国体育赛事传播领域中，也将其加以借鉴，有效应对数字环境下体育赛事转播全媒体化发展的需要。当前，我国体育赛事传播领域中，公共媒体的融合如表4-4所示。

表4-4 我国当前体育赛事传播公共媒体要素组成

公共媒体类型	公共媒体名称	作用范围
固态传播	LED 显示屏	公园、广场、体育场
固态传播	公共区域终端设备	健身房、商场
移动传播	公共交通显示器	公共交通工具
移动传播	移动终端设备	智能手机、平板电脑等

通过表4-4所呈现的公共媒体分类和所包含的主要元素，可以看出能够满足人们日常关于体育赛事信息传播的具体需要，能够有效拓宽体育赛事的传播渠道，这也对我国体育赛事转播权交易市场的发展起着至关重要的推动作用，更能充分体现我国体育赛事传播理念的时代创新性。

三、《反垄断法》的出台并逐步强化

伴随时代的发展与社会的进步，无数网络媒体平台相继出现，为拓宽我国体育赛事传播途径提供了广阔的平台，同时也增加了我国体育赛事传播途径的垄断风险。对此，我国在2020年针对《反垄断法》予以进一步深化，并且应用到体育赛事传播途径发展道路之中，对体育赛事传播不良行为起着有效的约束作用。在此之中，政策基础的强化是基础，法律环境的形成则是最终的效果体现。

（一）政策基础较为坚实

政策环境是法律环境构建的基础，故此在某项专门法律出台之前，必然会有相关的政策相继出现，由此向行业充分释放出信号，为专门法律的制定、出台、执行提供有力支撑。在我国体育赛事传播途径的发展中，《反垄断法》的制定并出台显然也不例外，以极为理想的政策环境作为支撑，主要政策如表4-5所示。

表4-5　我国体育赛事传播《反垄断法》出台的政策环境

序号	政策出台年份	政策名称	政策内容	作用
1	2000年	《关于加强体育比赛电视报道和转播工作的通知》	明确了央视在国内外大型体育赛事转播权的地位，具有转播权分发权力	有助于我国体育赛事转播权交易市场的集中管理
2	2014年	《关于改进体育比赛广播电视报道和转播工作的通知》	让更多机构和组织投入体育赛事转播权竞争	促进我国体育赛事转播权交易市场竞争环境的形成
3	2015年	《中国足球改革发展总体方案》	国内职业联赛转播权得到了释放	促使中超联赛赛事转播权的市场化改革

通过表4-5所呈现的相关政策以及内容和作用，不难发现在不同的时代背景之下，我国在管理和拓宽体育赛事传播途径中，都为之提供了一定的政策支撑，并且应对数字化大环境的形成，在体育赛事传播途径迈向全媒体发展的大背景下，做到倡导转播权充分释放的同时，还力求能够形成强有力的管理，进而为体育赛事传播《反垄断法》出台奠定了良好的政策基础。

（二）良好法律环境的形成

在前文中，已经明确了当前政策基础的完善性，良好法律环境的形成势必会成为必然，在现实中已经充分印证了这一观点。当前，我国已经在《反垄断法》中，针对体育赛事传播领域做出了明确的法律规定，具体法律内容如表4-6所示。

表4-6　我国体育赛事传播《反垄断法》内容明白表

法律具体条文	具体内容	作用价值
第十五条	我国职业体育联赛中的某些垄断行为，在保证公平合理的市场情况下可以免除	能够确保体育联赛的稳定运行
第十七条	没有正当理由，限定交易相对人只能与其进行交易或者只能与指定的经营者进行交易	确保体育赛事转播权交易的规范性
第三十七条	行政机关不得滥用行政权力，制定含有排除、限制竞争内容	鼓励体育赛事转播权交易市场的公平竞争，拓宽体育赛事传播渠道

笔者在表4-6中，已经针对我国《反垄断法》中关于体育赛事传播领域的相关法律进行简单列举，充分说明该法律在确保我国体育联赛的可持续运行、转播权交易市场行为的规范性，以及拓宽体育赛事传播渠道和公平竞争方面发挥了重要的法律支撑作用，能够为数字化环境下我国体育赛事传播模式保持理想的运行状态打造一个良好的法律环境。

四、全媒体发展方向正式明确

我国体育赛事传播领域的出现，就时代发展而言具有划时代的意义，随着时代的发展与社会的进步，我国在体育赛事传播领域不断完善其发展理念，并且在政策法规方面也在不断优化与调整，其目的是为了体育赛事传播模式的发展能够拥有更好的运行模式，最终实现体育赛事传播走上全媒体化发展之路。

（一）先进理念成就体育赛事传播面向全媒体发展

从上文的阐述中，可以看出在国外体育赛事传播模式中，强调利益相关者最大化，由此确定分享利益的主体更多，并且能够降低体育赛事传播道路中的风险。其间，分享利益的主体越多，就会形成一个较为广阔的市场竞争环境，对我国体育赛事传播领域真正实现"多条腿走路"起着积极的推动作用，更能够推动我国体育经济形成并始终保持又好又快的发展态势。

（二）完善的政策环境与法律环境促成全媒体发展方向的明确

从上文中所体现的相关政策环境与法律环境来看，为体育赛事传播途径的拓宽释放了足够大的空间，让更多传播媒体成为体育赛事广泛传播的载体，并且形成规范化传播的状态。这显然能够强力助推我国体育赛事传播迈向全媒体化发展时代，更能让我国体育赛事转播权交易市场呈现极为理想的发展前景。

综合本节所论述的观点，能够清晰地体会到我国体育赛事传播行业经历了从无到有、从小到大、从弱到强各个阶段，每个阶段都离不开辛劳而又富有智慧的工作者的不断付出，最终必然会走向体育赛事传播媒体化发展道路。但是，如何才能确保在该道路中实现合法竞争，显然是未来发展道路中必须面对的挑战，故而只有做到具有前瞻性的思考才能赢得未来，而这也是笔者在本章下一小节所要论述的主要内容。

第二节　体育赛事传播在全媒体方向下展开合法竞争

从时代发展角度出发，我国科技事业的飞速发展成就了我国社会经济又好又快地发展，体育经济发展进程更是达到了前所未有的状态，体育产业化发展已经成为现实。在这一时代背景之下，我国体育赛事传播途径也必将走向全媒体发展之路。但是有发展就意味着有新的挑战出现，构建出理想的合法竞争环境无疑是必然面对的挑战所在。其间，主要的着力点必须加以高度明确。在图4-1中，笔者会从宏观、中宏观、中观、微观层面将其加以明确的体现。

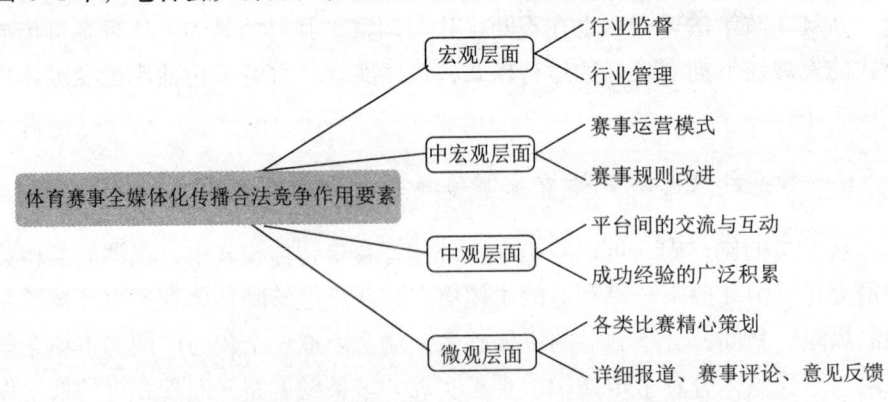

体育赛事全媒体化传播合法竞争作用要素
- 宏观层面
  - 行业监督
  - 行业管理
- 中宏观层面
  - 赛事运营模式
  - 赛事规则改进
- 中观层面
  - 平台间的交流与互动
  - 成功经验的广泛积累
- 微观层面
  - 各类比赛精心策划
  - 详细报道、赛事评论、意见反馈

图4-1　体育赛事传播在全媒体方向下展开合法竞争的作用要素

通过图4-1可以看出，在全媒体化发展形势下，体育赛事传播真正实现高度的合法竞争需要在多个层面为之付出努力，其中包括社会治理、赛事本身、各个传播媒体，但具体实践操作并不能在图中得到清晰体现，还需要在下文中做出清晰阐述。

一、宏观层面：社会机制的高度完善

笔者认为，在全媒体化发展背景下、体育赛事传播过程中，传播媒体之间呈现出合法竞争局面是一项较为艰巨也是较为系统的工程，需要对各个层面做出具体分析。在分析过程中，应该保持从宏观到微观的思路来进行，由此所得出的观点更加具有明确性和指向性，具体的宏观层面因素应体现在社会机制高度完善，主管部门加强行业监督和高质量落实行业评价两个重要作用因素，作用表现如下。

（一）主管部门加强行业监督

体育赛事传播工作又好又快地开展，关键在于有关主管部门能否充分发挥相关社会职能，建立一个较为理想的社会机制，如若答案是肯定的，那么各方作用因素则能够得到有效协调，进而形成作用合力，营造出始终趋于理想化的体育赛事传播环境，反之则不然。其中，最为基础也是最为关键的一个职能就是行业监督职能。该职能的发挥应从两方面入手：第一，针对《反垄断法》的实施力度加以大力监督，有效避免体育赛事传播途径过程中，各传播媒体之间形成非法垄断。第二，加大打击各种非法侵权行为的监督力度，确保体育赛事传播途径中，体育赛事知识产权能够得到强有力的保护。切实做到上述两项工作，可以为体育赛事传播营造一个极为规范的环境。

（二）高质量落实行业评价

从社会机制构建层面出发，运行机制、监督机制、保障机制作为不可缺少的三个部分。笔者在上文已经对全媒体背景下体育赛事传播合法竞争中的监督机制进行了阐述，从中能够反映运行机制应该包括的主要方向所在。那么，保障机制就主要体现在高质量开展行业评价方面，进而确保能够为全媒体背景下体育赛事传播途径形成有效管理，为高质量开展合法竞争活动提供强有力的保障条件。具体操作应主要体现在三个方面：第一，明确评价的主体、原则、标准。第二，要将定性与定量相结合作为评价方法。第三，建立一套完整的质量评价指标体系。在这里，特别需要强调的是评价原则要体现出发展性，评价主体要体现出全覆盖化，评价指标要突出全面性，进而方可实现评价结果能够为全媒体背景下体育赛事传播途径的合法竞争提供客观指导作用。

二、中宏观层面：提高赛事本身的影响

从体育赛事传播的全过程来看，实现高质量的传播必须有几个维度共同为之付出不懈努力，即行业协会（有关主管部门）、体育赛事运营方、体育赛事传播方。如果说前者是确保全媒体方向下，体育赛事传播实现合法竞争的宏观层面，那么中宏观层面显然是赛事运营方所发挥的作用，提高赛事本身的影响就是作用最为直观的体现，实际操作过程中应该从以下两个方面来进行。

（一）赛事运营模式的优化

赛事运营方能否做到运营模式的科学合理，满足受众群体最广泛的需要，并且始终调动受众群体观赛的积极性和主动性，显然是全媒体时代，体育赛事传播媒体有效扩大受众范围，确保传播媒体之间能够形成公平竞争态势，并打造出良性竞争环境的又一重要因素所在。其间，笔者认为，主要的操作应该体现在两个方面：第一，强调以所有受众群体为中心并形成有效开发的运营理念。大、中、小型各类体育赛事能否实现长足发展，最为关键的一环就是受众群体是否能够始终保持最大化，将其转为现实最重要的一环就是赛事运营理念是否能够将其作为中心，而这恰恰是优化赛事运营模式，并且提高赛事自身影响力的基本前提，更是确保在全媒体方向下展开合法竞争的重要条件。第二，突出赛事运作过程与媒体传播途径之间的直接对接。体育赛事运营过程中，赛事信息的产生要做到第一时间传递到受众群体"手"中，显然是最大程度地满足受众群体关于赛事需要的有利条件之一，更是传播媒体提高自身行业竞争力的重要保证。对此，在赛事运营模式的优化中，要尽可能做到与传播媒体之间的广泛对接，并始终保持对接过程的合法性，这样才能够为传播媒体之间形成合法竞争关系奠定坚实基础。

（二）赛事规则的合理改进

体育赛事规则是影响比赛精彩程度的重要指标，也是影响受众群体观赛心理的一项重要指标，更是受众群体能否实现进一步扩大的重要影响因素。如果体育赛事规则较为合理，那么上述影响所呈现的后果无疑是肯定的，反

之则是否定的，不利于体育赛事传播媒体进行受众群体的拓展，更会增加传播媒体之间形成非法竞争的风险。这就需要体育协会针对体育运动时代发展的大趋势，针对赛事规则进行合理调整，如在CBA男子篮球职业联赛中，增加赛事的对抗性就必须将进攻方犯规的判罚标准加以合理调整，力求赛事流畅性的同时，提高比赛本身的精彩程度，最大程度地满足受众群体的观赛心理，实现受众群体能够得到进一步扩大。这一传播媒体之间会从中获得更多赛事信息，以及与赛事相关的信息，从而让传播媒体都能提升自身的核心竞争力，竞争环境的合法性在无形中得到全面提高。

三、中观层面：增加传播媒体之间的相互影响

虽然传播媒体是全媒体方向下，体育赛事传播合法竞争全过程中的最小个体，自身的发展过程通常在微观层面对合法竞争起到积极的推动作用。但是个体之间形成的相互影响，则是影响全媒体方向下体育赛事传播合法竞争的中观因素，所以必须加以高度重视，并且进行深入剖析。接下来笔者就增加传播媒体之间相互影响的作用和实践操作两方面进行深入阐述。

（一）突出彼此之间的交流与互动

"在合作中竞争"显然是一种最为理想的竞争关系，更是有效提升自身核心竞争力的方法所在。针对体育赛事传播全媒体化发展而言，提高传播媒体的核心竞争力自然也要将"合作"视为主要的选择对象，在合作的过程中能够发现其他传播媒体之长，找出自身在发展过程中存在的不足，进而实现核心竞争力的共同发展，确保每一个传播媒体在发展过程中都能铆足劲，积极寻求发展的新思路。在这一过程中，最为关键的一环莫过于广泛交流与互动。具体操作应围绕两方面开展：第一，传播媒体要建立交流与互动链接，实现彼此之间的隔空交流与互动。第二，要以实地考察的方式，广泛进行交流与互动。前者能够确保交流与活动的广泛性，后者在实地考察的过程中相互参观，所以更加具有实效性，两者之间的相互结合能够为成功经验的广泛积累提供理想的渠道。

（二）积极进行成功经验的积累

广泛寻求合作对象，并且建立理想的合作渠道，显然是有效提高传播媒体核心竞争力的基础，但这并不意味着就能够将其转化为现实，仍然需要进行具体的运作方可实现。在此期间，主要的操作应该包括三个部分：第

一，传播媒体要客观审视当前体育赛事传播运营现状；第二，明确交流与互动的侧重点，并做出深刻而又具体的分析；第三，结合全媒体化发展大趋势，将其成功经验进行广泛积累。在该操作流程中，第一点是确保彼此之间长时间保持合作的前提条件，只有做到"知己"才能明确合作对象的竞争优势所在。第二点是合作能够得以长期维持的动力条件，也是确保能够在合作中提高竞争力的核心要素。第三点则是合作的成果体现，更是彼此之间核心竞争能力得以最大程度提升的根本表现，让竞争的合法性在无形中得以保证。

四、微观层面：消除传播媒体之间的同质化现象

各个传播媒体显然是体育赛事传播途径中最基本的个体，因此每个传播媒体之间能够保持合法竞争，显然是体育赛事传播走向全媒体化发展背景之下，形成合法竞争局面最微观的呈现。在这里，笔者认为彼此有效消除同质化现象是最为有利的做法，也是全面打造当下乃至未来理想的体育赛事全媒体转播权交易市场良好市场环境的根本作用力。其中，最为有效的做法应该体现在以下两个方面。

（一）大、中、小型各项体育赛事精心策划

从全媒体背景下体育赛事传播途径非合法性竞争产生的主要因素出发，最为根本的原因在于想要垄断有限的体育资源，让媒体能够第一时间将其在受众群体中进行广泛传播，以此来增加媒体本身的社会影响力，从而达到增强传播媒体本身核心竞争力的目的。但是该行为绝非一种合法竞争行为，在体育赛事传播走向全媒体化发展的过程中，该做法必须全力制止，执法部门必须予以严厉的打击，确保体育赛事传播过程中知识产权的有力保护。针对传播媒体而言，应该立足大、中、小型各项体育赛事，结合现有受众群体的切实需要，不断加以精心策划，在栏目内容模块方面，以及体育赛事转播期间的相关活动安排方面，有效进行合理的规划，同时要立足体育赛事本身的魅力推广体育赛事信息传播的特色，进而方可在一定程度上避免传播媒体之间存在内容与经营模式同质化的现象，让全媒体方向下的体育赛事传播合法竞争拥有较为坚实的基础。

（二）强调详细报道并且要加强媒体评论和意见反馈

在当今时代大环境下，体育赛事传播途径面向全媒体化发展，传播媒体

的多样化自然成为不争的事实，但各项体育赛事主办方在赛事运营过程中，产生的赛场信息往往相对有限，由此也不免会导致传播媒体运营方出现体育赛事信息内容同质化的现象出现。因此，有效避免这一现象出现就成为体育赛事传播途径真正体现创新价值的关键，也是更好地迎合时代发展大方向的有利条件。在这一过程中，各传播媒体之间要做到相信赛事报道，同时要开展有特色的赛事评论和受众群体的意见反馈，从而让不断改进媒体运营方式成为自然，更让自身在行业内部拥有较强的核心竞争力。更重要的是在法律法规范围之内进行媒体运作，由此确保体育赛事传播在全媒体方向下能够始终保持合法竞争。

通过本小节的观点阐述，相信广大学者能够深刻体会到在全媒体方向下，体育赛事信息传播活动中，各个传播媒体之间始终保持合法竞争的态势完全可以成为现实，可是真正将其转化为现实的过程却是极为系统的，需要每一个传播媒体不断为之付出努力。在这里，笔者认为一切措施的开展都要将受众群体视为中心，只有开发出更多的受众群体才能为其提供最为理想的条件。这也是笔者在下一小节所阐述的观点，希望广大学者以及相关从业人员能够更加深刻地意识到数字化环境下，体育赛事传播模式所呈现出的新特征。

第三节　体育赛事通过全媒体传播有效拓展了受众群体

结合上文中所阐述的观点，相信广大学者能体会到我国体育赛事传播模式经历了从无到有，从途径的单一性到全面性，最终还要从当前的新媒体到全媒体发展之路。这条道路中可谓是艰辛重重，几代媒体人为之付出了不懈的努力，最终才取得了当前的成就，体育赛事传播也做到了通过全媒体传播有效拓展了受众群体。然而，成就永远属于过去，未来的可持续发展才是最重要的目标，将其转化成为现实则需要深刻认知几个关键性的因素，具体如图 4-2 所示。

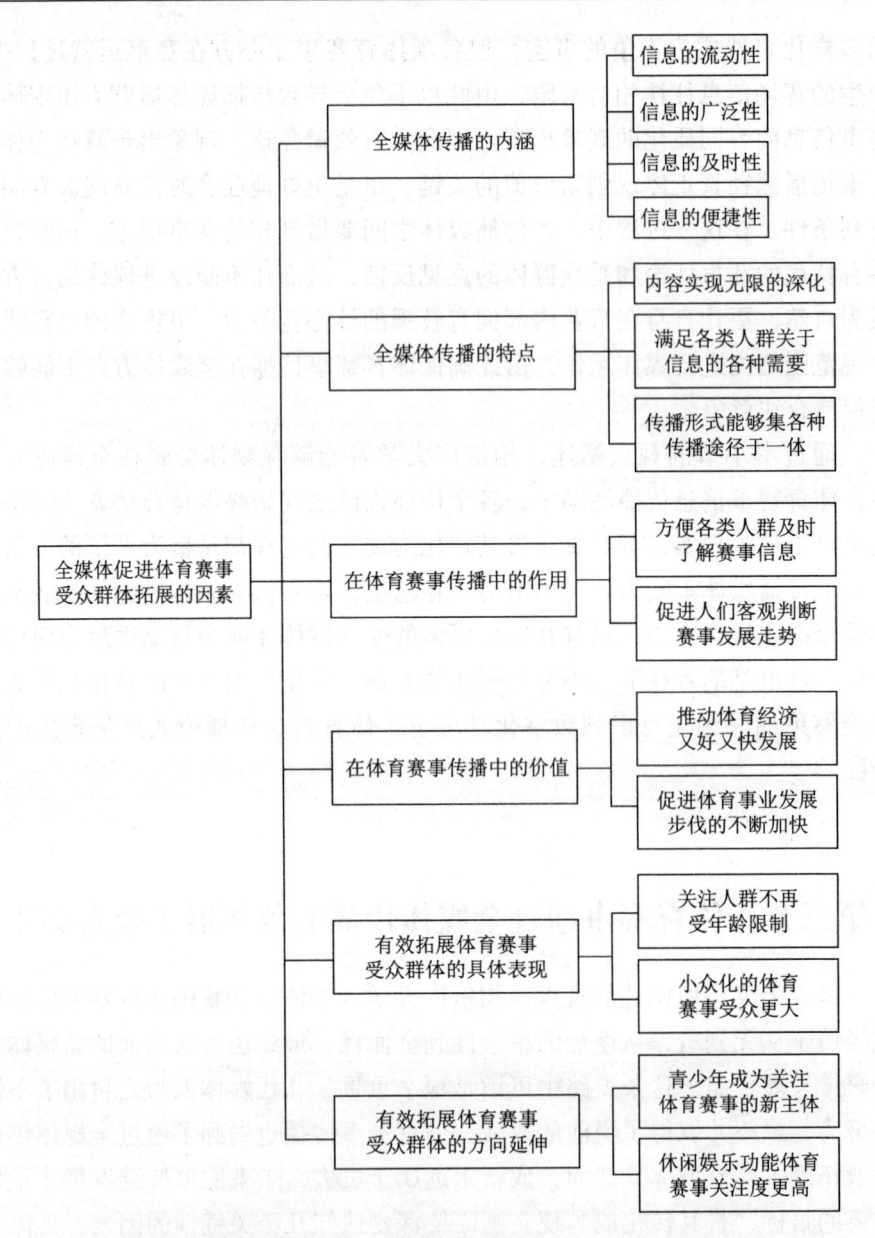

```
全媒体促进体育赛事
受众群体拓展的因素
├── 全媒体传播的内涵
│   ├── 信息的流动性
│   ├── 信息的广泛性
│   ├── 信息的及时性
│   └── 信息的便捷性
├── 全媒体传播的特点
│   ├── 内容实现无限的深化
│   ├── 满足各类人群关于信息的各种需要
│   └── 传播形式能够集各种传播途径于一体
├── 在体育赛事传播中的作用
│   ├── 方便各类人群及时了解赛事信息
│   └── 促进人们客观判断赛事发展走势
├── 在体育赛事传播中的价值
│   ├── 推动体育经济又好又快发展
│   └── 促进体育事业发展步伐的不断加快
├── 有效拓展体育赛事受众群体的具体表现
│   ├── 关注人群不再受年龄限制
│   └── 小众化的体育赛事受众更大
└── 有效拓展体育赛事受众群体的方向延伸
    ├── 青少年成为关注体育赛事的新主体
    └── 休闲娱乐功能体育赛事关注度更高
```

图 4-2 体育赛事通过全媒体传播有效拓展受众群体的因素构成

通过图 4-2，不难发现全媒体传播的内涵与特点的形成经过了漫长的过程，并且在体育赛事中发挥的作用与呈现的价值最大，为有效拓展受众群体起到了至关重要的推动作用，还为当今时代乃至未来时代进一步拓展受众群体发挥着至关重要的推动作用。为此，笔者在本小节的内容中，就立足上述几个方面做出系统论述。

一、全媒体传播的内涵与特点

就数字化环境下体育赛事全媒体传播模式的嬗变与特征的研究全过程而言，受众群体的有效拓展已经成为自然。那么，确保受众群体能够得到可持续拓展，就必须将什么是全媒体传播，以及具体特点加以高度明确，这样在当今和未来时代大环境下，不断拓展体育赛事受众群体才能成为常态。对此，下文就针对上述两个问题进行深入解读。

（一）全媒体传播的内涵

所谓的"全媒体传播"，其实质就是实现天、地、人之间保持信息传播形式的全覆盖，其中既包括文字传播形式，又包括声音、影像、动画、网页等多种媒介传播形式，让媒体内容、渠道、功能层面实现全面融合，是时代发展到一定高度的重要标志所在。但是，从当今学术界所开展的相关研究，以及所取得的研究成果来看，"全媒体传播"并没有学术层面的定义，因此在数字化环境下，对于全媒体传播，笔者只能通过内涵层面进行解读，以此来说明全媒体传播作为未来信息传播的主要方向，也是全面提高信息流动性、广泛性、及时性、便捷性的重要保证，呈现出的划时代意义极为明显，能够为各项事业的全面发展提供极为有利、极为理想的信息传播途径。

（二）全媒体传播的特点

通过解读"全媒体传播"的深层内涵，能够发现全媒体传播就是传播途径的全面覆盖，并且能够体现出内容的多样化、功能的多样化、形式的多样化，全面满足人们在信息层面的各种需要。从这一内涵中可以直观地感受到，全媒体传播的特点主要体现在三个方面：第一，内容实现无限深化。众所周知，在数字化背景之下，信息的丰富性决定着某一行业能否实现飞速发展，"信息为王"也成为当今时代各个行业不断提升内部竞争力的主要抓手，因此信息来源是否广泛、信息量是否巨大，成为左右行业发展的一项重要因素。全媒体传播显然能够拓宽信息来源，不断增大信息量，能够实现信息内容的无限深化，成为各行各业又好又快发展的重要推手。第二，满足各类人群关于信息的各种需要。在全媒体传播背景之下，信息来源的扩大和信息量的剧增让各行各业在发展道路中，能够拥有最为关键的信息资源保证，但是依然需要有强大的信息处理功能作为支撑，由此方可确保信息能够得到有效处理，获得更多行业发展所急需的有效信息。在全媒体传播途径中，媒体平台显然能够具备这一基本功能，从而实现满足各类人群关于信息的各种需要。第三，传播形式能够集各种传播途径于一体。全媒体传播在传播途径方面能够做到全覆盖，具体表现就是有形的传播形式和无形的传播形式相互兼容。有形的传播形式是指纸质传媒，无形的传播形式是指网络传播媒体。这样能够让人们拥有更多的资源获取途径，最大程度上保证了资源传播的及时性。

二、全媒体传播在体育赛事传播中的作用与价值

全媒体传播在体育赛事传播中，最为明显的改变就是"口口相传"已经成为遥远的过去，人们知晓体育赛事和了解体育赛事的平台更多，能够让更多的人在无形中受到感染，激发主动参与相关体育运动的热情，这显然是有效拓展体育赛事受众群体最为直接的表现，更是我国体育事业得到飞速发展的真实写照，充分彰显全媒体传播在体育赛事传播中的作用与价值。

（一）全媒体传播在体育赛事传播中的作用呈现

在体育赛事传播途径中，传播媒体的发展所起到的作用至关重要，关乎受众群体是否能够及时了解到赛事相关信息，同时也关乎人们是否能够进行比赛走势的客观判断，这两方面能够保持高度的理想化，那么受众群体必然会得到有效增加。在前文中笔者已经对全媒体传播的内涵以及特点进行了深入概述，由此也能够充分证明体育赛事通过全媒体传播，能够方便各类人群及时了解赛事信息，并且可以促进人们客观判断赛事发展走势，这样体育赛事本身的关注度会随着全媒体传播而不断提高，进而实现体育赛事受众群体的有效拓展。这显然是全媒体传播在体育赛事传播中的作用体现，同时更是未来体育赛事传播途径探索过程中所必须坚持的方向所在，力求该作用在当今时代乃至未来时代大环境之下能够达到最大化。

（二）全媒体传播在体育赛事传播中的价值体现

就当前我国体育赛事传播途径的发展现状来看，全媒体传播已经确定为发展的主要方向，其作用在上文中已经进行了具体阐述，那么作用所能够呈现的价值依然需要加以高度明确。在这里，笔者认为价值体现主要包括两个方面：第一，推动体育经济又好又快地发展。体育赛事传播途径实现全覆盖，必然会催生出更多的体育赛事传播媒体的相继出现，并且彼此之间能够

形成竞争关系，随着传播媒体数量的急剧增加，传播媒体之间的激烈竞争也会不断提升，形成一个较为激烈的市场发展态势。毋庸置疑的是，市场的出现就意味着经济的发展，市场竞争的激烈程度越高，就意味着经济发展的势头会越来越强劲，这也是我国体育经济发展的重要表现，也是全媒体传播在体育赛事传播中最明显的经济价值所在。第二，促进体育事业发展步伐的不断加快。各领域经济的发展是各项事业加快发展步伐的原动力，体育赛事全媒体传播促进了体育经济的发展，能够让更多的人了解当今时代社会体育发展的大环境，同时也会让更多的人能够深刻了解体育赛事发展的大趋势，并在无形中产生参与体育运动的热情，这显然加快了我国体育事业发展的步伐，为实现"体育强国梦"提供强大动力。

三、全媒体传播有效拓展体育赛事受众群体的具体表现

从体育赛事传播途径的特点来看，赛事信息传播的及时性、便捷性、碎片化已经成为最为明显的表征，人们关注的过程不再受时间、地点、环境的制约，并且关注的人群也不会具有明显的特征。这些特点的产生源于体育赛事传播已经开启了全媒体化发展新阶段。因此，体育赛事受众群体的有效拓展也成为现实。其具体表现如下。

（一）体育赛事关注人群不再有明显的年龄色彩

众所周知，当前我国社会发展所处高度与新媒体时代网络技术及科学技术飞速进步密不可分，甚至完全可以说后者成就了前者。最为明显的体现就是各个年龄段的人群都已经或多或少地接触到了新媒体，甚至众多青少年和中老年人群能够熟练操作新媒体软件，如微博、微信等。在全媒体发展大背景下，信息传播的途径更加多样化，并且信息的形态也会呈现出多样化色彩，各个年龄段人们了解新事物的深度会得到进一步增加，进而也会达到充分接受和熟练掌握、客观评价新事物的状态。体育赛事传播也迎来全媒体化发展新形势，体育赛事传播的途径得到更为全面的拓宽，新媒体传播途径成为重要的组成部分，并且体育赛事呈现的形态也会变得更加多样化，能够满足人们日常生活娱乐和休闲健身过程中的各种需要。在这一形势下，关注人群不仅仅集中在中青年群体，青少年和中老年全体也会成为重要组成，进而不再有明显的年龄色彩，而这也正是全媒体传播有效拓展体育赛事受众群体的具体表现之一。

（二）小众化的体育赛事受众人群将会无限扩大

社会的发展无疑造就了人们在审美取向方面的转变，体育运动中存在的"美"也得到人们更为广泛的挖掘，并且形成了更为深刻的认知。这一现状产生的根本原因非常简单，就是由于体育传播途径的不断扩大，让人们有更多的途径和机会去了解，以前并不知晓，或者只是停留在知晓层面上的体育比赛，进而从中发现体育项目所蕴含的"美"。面对当今乃至未来社会的发展，体育赛事传播日益走向全媒体化发展道路，体育赛事传播的途径会得到前所未有的拓宽，人们了解小众体育赛事的机会也随之增加，小众体育项目也成为人们日常生活娱乐、休闲健身中的重要组成部分，进而实现小众体育赛事在我国逐渐变得大众化，这也是全媒体传播有效拓展体育赛事受众群体最为直接的表现之一。

四、全媒体传播有效拓展体育赛事受众群体的方向延伸

从上文的观点阐述中，可以看出体育赛事通过全媒体传播已经实现了有效拓展受众群体，让体育赛事运行能够拥有理想的驱动力，更让我国体育产业和体育事业发展拥有了强大的推动力。但仅仅明确这一观点依然不够，还需要全媒体传播有效拓展体育赛事受众群体的方向延伸加以高度明确，由此更加清晰地体现出全媒体传播有效拓展体育赛事受众群体的可持续性，从中深刻感知全媒体背景下我国体育事业将会始终保持又好又快的发展姿态。

（一）青少年成为关注体育赛事的新主体

青少年无疑是中国特色社会主义现代化国家建设者，也是我国社会主义事业的接班人。在当今时代大环境的影响下，我国青少年已经普遍能够接受各种信息传播媒介，这也意味着当下我国体育赛事传播途径中，青少年开始成为体育赛事传播的主要受众群体之一。随着时代的发展，全媒体必将成为我国体育赛事传播的主要方向，广大青少年了解体育赛事的渠道会更加丰富，体育赛事相关信息也势必会在体育运动参与积极性方面发挥至关重要的影响作用。因此，这也必将成为全媒体传播方向下，我国体育赛事传播有效拓展受众群体途径中方向延伸的重要体现，不仅为全面增强我国体育事业发展提供了重要推动力，更为实现中华民族"体育强国梦"注入源源不断的动力。

（二）具有休闲娱乐功能的体育赛事得到更为广泛的关注

毋庸置疑的是，当今时代我国正处于人口老龄化阶段，据不完全统计，我国当前60岁及以上人口已经达到了2.6亿（数据来源：2020年第七次全国人口普查）。预计到2040年，65岁及以上老年人口占总人口的比例将超过20%。因此在各个领域的发展中，都将60岁及以上的群体作为主要的产品营销对象，体育经济的发展显然也不例外。特别是在我国全面增强体质健康水平的大环境和大背景之下，我国已经提出并落实《"健康中国2030"规划纲要》，这无疑为拓宽体育赛事传播受众群体提供更为理想的政策背景。除此之外，随着我国新媒体时代发展进程的日益加快，新媒体已经成为我国中老年群体日常生活中不可缺少的一部分，所以为体育赛事传播媒体拓展受众群体提供了极为有利的条件。针对中老年人群日常生活的基本需要来看，提高生活质量是关注的焦点所在，而富有休闲和娱乐功能的体育运动显然能够满足其内心需要，加之全媒体化的体育赛事信息传播途径，必然会让具有休闲娱乐功能的体育赛事得到广泛关注，进而体育赛事受众群体也实现了强有力的拓展。

通过笔者在本节中的观点阐述，可以明确看出体育赛事通过全媒体传播有效拓展了受众群体，并且在未来社会发展的道路中，体育赛事传播的受众群体依然会实现进一步的扩大，能够为体育赛事转播市场的发展，以及体育经济和体育事业长时间保持又好又快的发展起到至关重要的推动作用。然而，未来的发展虽然可以预测，但并不意味没有历史的回顾就能成为自然。对此，笔者在下一章节的阐述中，就针对全球性重大赛事媒体转播权交易的事实与现状进行深入分析，明确在现代奥运会中体育赛事传播的主要途径包括什么，以及从中的收益情况如何，以此说明体育赛事传播途径走向多样化发展，最终实现全覆盖的实际意义与价值，进而让本节所阐述的观点能够得到充分论证，并且为数字化环境下我国体育赛事全媒体转播权交易机制的全面深化打下坚实基础。

第五章　我国体育赛事媒体转播权交易的回顾与分析

第一节　全运会媒体转播权交易分析

一、全运会背景概述

全运会的全称为"中华人民共和国全国运动会"，是我国国内水平最高、规模最大的综合性运动会。从 1959 年第一届北京全运会开始，一直到 2021 年第十四届陕西全运会召开，全运会在我国已经经过了 60 余年的发展历史。自 1993 年第七届北京全运会以来，我国的全运会每四年举办一次，一般在奥运会年前后举行，全运会的比赛项目除武术外基本与奥运会相同，其原意是为国家的奥运战略锻炼新人、选拔人才。

全运会的参赛单位既包括我国 31 个省、自治区、直辖市的代表团，还包括新疆生产建设兵团以及各级体育协会组织、香港及澳门特别行政区代表团、我国体育院校、民间体育俱乐部等参赛单位。这充分体现出我国"发展群众体育运动"的体育发展路线，通过全运会的举办，真正带动了我国广大人民群众深度参与到体育运动之中，有效地发挥了"发展体育运动，增强人民体质"的引领带动作用及功效。

与此同时，全运会的举办还能够有效带动主办省市地区的旅游业发展，积极带动主办省市地区的区域软实力获得提升。通过全运会的举办，不仅能够全面检验相关省市主办地区的大型活动组织能力，也能够进一步促进省市主办地区的城市基础设施发展以及体育文化的传播，对于我国的城市发展建设具有经济与文化方面双重促进价值。

二、第十四届全运会媒体转播交易

（一）第十四届全运会媒体转播概况

中华人民共和国第十四届运动会于 2021 年 9 月 15 日至 9 月 27 日在陕西省举行。第十四届全运会主办方免费授予中央广播电视总台主转播权，并使其承担第十四届全运会的全媒体传播工作。中央广播电视总台依托 5G+4K/8K+AI 战略，对本届全运会开、闭幕式及重点赛事新闻报道及转播进行创新实践。在网络直播方面，中央广播电视总台联合央视网、新华网、人民网、中国网等重点新闻网站，以及人民日报客户端、新华社客户端、央视新闻客户端等新媒体平台对第十四届全运会进行同步转播。与此同时，中央广播电视总台免费授予香港电台、香港电视广播有限公司（TVB）以及香港有线电视对于第十四届全运会的转播权，使香港地区的人民能够更为便捷地获取第十四届全运会信息。

在第十四届全运会的转播过程中，中央广播电视总台前方共派出450人的转播和新闻报道团队，并在全运会国际广播中心设立了1890平方米的工作区，协调配置前后方全部赛事信号资源。在整个赛事期间，中央广播电视总台在西安全运会前方的工作区承担全运新闻的采集、制作、传输及前后方演播室的直播对接任务，中央广播电视总台央视体育频道以及体育赛事频道全天投入全运会报道。央视网在承担第十四届全运会的网络媒体平台转播任务的基础上，利用全媒体传播理念，积极开展网络直播、网络赛事视频制作传播、全运会新媒体信息传播等工作，使第十四届全运会的转播工作实现了数字化、信息化发展。

（二）第十四届全运会媒体转播权分析

虽然第十四届全运会主办方免费授予中央广播电视总台对第十四届全运会的媒体主转播权，但是中央广播电视总台的第十四届全运会媒体主转播权仍然具有法律约束效力，地方电视台以及新媒体平台未经中央广播电视总台授权，则不能对第十四届全运会的内容进行直播与转播。中央广播电视总台借助自身的电视、电台媒体以及新媒体平台传播优势，利用5G+4K/8K+AI的先进信息传播技术，圆满地完成了对第十四届全运会的直播、转播任务，并且授权国内央视网、新华网、人民网、中国网等重点新闻网站，以及人民日报客户端、新华社客户端、央视新闻客户端等新媒体平台对第十四届全运会的媒体转播权，充分利用体育赛事媒体转播权交易机制，为第十四届全运会构建了完善的全媒体传播体系，有效地提升了第十四届全运会的全媒体传播质量。与此同时，中央广播电视总台对香港电台、香港电视广播有限公司（TVB）以及香港有线电视进行的第十四届全运会免费媒体传播授权，进一步促进了第十四届全运会信息在我国香港地区的传播与发展，切实提升了我国第十四届全运会的传播影响力，具有重要的国内大型综合性运动会信息传播创新价值。

综上所述，我们可以看出，在当今全媒体发展的背景下，以中央广播电视总台为代表的传统媒体正在积极拓展新媒体信息传播业务，通过对以第十四届全运会为代表的国内大型综合性运动会的全媒体信息传播，有效地拓展了中央广播电视总台的新媒体信息传播优势，促进了我国体育赛事媒体转播权交易机制进一步实现了合理性发展以及交易机制的健全、完善。

第二节 中国足球超级联赛（CSL）的媒体转播权交易分析

中国足球协会超级联赛的前身为原中国足球甲级A组联赛，在2004年由中国足球协会组织，这是中国最优秀的职业足球俱乐部参加的全中国最高水平的足球职业联赛，仿照英格兰足球超级联赛，所以简称中超或中超联赛。

一、中国足球超级联赛概述

中国足球超级联赛（Chinese Super League，简称CSL），是中国足球协会于2004年总结中国十年职业足球的基础上，为了进一步提高中国职业足球的竞赛水平和品牌推出的，其首届联赛有12支球队参加，且暂停了升降级制度，到2006赛季才再次恢复升降级制度。

2006年4月，为了进一步完善中国足球产业的市场化进程，中国足球协会和所有中超联赛参赛俱乐部共同出资成立了中超联赛有限责任公司，开始正式走上中国足球产业市场化的道路。

（一）中国足球甲级A组联赛概述

中国足球超级联赛的前身是中国足球甲级A组联赛（C League），其正式全称为全国足球甲级队A组联赛，简称甲A或甲A联赛。

甲A曾经是中国足球的顶级联赛，最早建立于1987年，当年正值第六届全运会召开以及中国足球国家队正在冲击奥运会足球比赛等，中国足协借此机会进行了一系列改革，试行将当年的全国足球甲级联赛分为两组，分别是甲级A组和甲级B组。1989年，甲A联赛正式建立。

此后甲A联赛经过了多次赛制更改，1994年，中国足球开始全面推行俱乐部制，这意味着中国足球正式进入职业化发展阶段，并于1994—2004年开始了历时十年的职业化发展进程。

实行俱乐部制之后，中国职业足球联赛开始受到媒体的关注和重视，1994年，中央电视台与中国足协签订了一份为期五年的转播合同，央视每轮转播一场比赛则会以每次两分钟广告时段作为回报，合作费用约为280万元，即一年 56 万元。而当时央视每年的广告利益接近 1 亿，可想而知当时中国足球得到的转播回报有多少。

1999 年，中央电视台再次与中国足协签订了新的转播合同，前者出资 1100 万元购买了中国足协未来 3 年中 78 场甲 A 联赛的全国独家首播权。

（二）中国足球超级联赛发展概述

2004 年，中国足球协会在中国足球职业化发展十年的基础之上，正式推出了"中国足球超级联赛"，甲 A 联赛宣告结束。2006 年，中超联赛有限责任公司成立，中国足球开始正式向市场化模式发展。

从 2011 年开始，中国足球协会开始挖掘全球范围内的著名球员进入球队，也是从这一年开始，中超联赛正式采用冠名制。2011—2013 年，中超联赛更名为"万达广场中超联赛"，万达集团和中超联赛的合作仅仅在冠名层面，即在中超赛场上，万达广场的广告开始频繁出现。

2012 年，中超联赛在单赛季的球员投入方面超过了 30 亿元，一些财力雄厚的球队网罗了多位闻名世界球探的球星。并且，2012 年中超联赛的全年票房创造了自 2004 年中超成立以来的历史最高。

2014—2017 年，中国平安保险（集团）股份有限公司获得中超联赛四年独家冠名权。

2015 年，国务院办公厅印发了《中国足球改革发展总体方案》（以下简称《方案》），其中明确指出"把发展足球运动纳入经济社会发展规划，实行'三步走'战略"的主要目标。

近期目标：改善足球发展的环境和氛围，理顺足球管理体制，制定足球中长期发展规划，创新中国特色足球管理模式，形成足球事业和足球产业协调发展的格局。

中期目标：青少年足球人口大幅增加，职业联赛组织和竞赛水平达到亚洲一流，国家男足跻身亚洲前列，女足重返世界一流强队行列。

远期目标：中国足球实现全面发展，足球成为群众普遍参与的体育运动，全社会形成健康的足球文化；职业联赛组织和竞赛水平进入世界先进行列；积极申办国际足联男足世界杯；国家男足国际竞争力显著提升，进入世界强队行列。

同时，《方案》指出要"调整改革中国足球协会"，其中最鲜明的改革措施就是按照政社分开、权责明确、依法自治的原则调整组建中国足球协会，推动"中国足球协会与体育总局脱钩"，从而实现自主管理权。该措施的发布也意味着中国足球正式走上了完全市场化的发展道路。

为落实《方案》的要求，国务院在2015年8月正式印发了《中国足球协会调整改革方案》，明确指出中国足球协会自此将依法独立运行，并在内部机构设置、工作计划制定、财务和薪酬管理、人事管理、国际专业交流等五个方面拥有自主权。同时，明确了中国足球协会的具体职责，指出要改革和完善职业足球俱乐部的建设和运营模式，要改进和完善足球竞赛体系和职业联赛体制，并推动改革校园足球的发展、普及社会足球的发展、改进足球专业人才的培养发展方式等。

二、中国足球超级联赛媒体转播权交易

自2004年中国足球超级联赛开启，中超联赛的媒体转播权就进入了跌宕起伏的发展之路。

（一）中国足球超级联赛媒体转播权交易概述

早在中超联赛初期，2004—2006年赛季的转播权就被上海文广集团以1.5亿元获取，相当于每年5000万元；2007年，上海文广集团再次与中国足球协会续约五年，但转播权的版权费跌至每年1000万元左右，五年的转播权交易仅5000万元左右，产生极大的跌幅。但在2009—2011年，互联网的快速发展推动了中超联赛的网络转播权的交易，在此期间，新浪网以每年500万元的版权费用，获得全程网络独家转播中超比赛的权利。

从2011年开始，中超联赛正式进入"金元时代"。自2011年到2015年的数年间，一些极为阔绰的足球俱乐部，甚至每个赛季会在球队投入7亿以上，在高投入的带动下，中超进入"金元时代"。不过与之形成鲜明对比的是，虽然中超进入了"金元时代"，但中超联赛的媒体转播权交易额却极低，完全无法和投入相提并论，如2012年央视以730万的价格买断了中超联赛该年的媒体转播权；2014年在新媒体快速发展和崛起的压力下，央视将价格提高到1000万元。但总体而言，此阶段中超联赛的媒体转播权交易额与中超所处"金元时代"的高投入形成了极为鲜明的对比。

2015赛季中超联赛的媒体转播权交易有所好转，但整体版权费也仅在7500万元左右。2015年3月，随着《中国足球改革发展总体方案》出台，中超联赛的赛事电视转播权市场竞争机制正式建立，足球赛事的电视转播权开始进入有序竞争阶段。

在政策的指导下，中国足球协会在2015年3月首次以竞标的形式销售

中超联赛赛事的媒体转播权，体奥动力（北京）体育传播有限公司独家获得了中超联赛赛事的媒体版权所有四项销售包；2015年9月，中超电视公共信号制作及版权经过最后一轮的激烈竞争，体奥动力（北京）体育传播有限公司以5年80亿元的报价中标，以绝对的优势压过了同时参与竞标的另外三家企业，包括上海文广集团（报价43亿元）、央视体育（报价40亿元）、广东电视台（报价17.5亿元）。

体奥动力以80亿元拿下中超联赛5年的媒体转播版权，相当于每年平均16亿元，这使中超联赛进入了真正的高光时刻。合同规定体奥动力需要在前两年每年支付给中超联赛有限责任公司10亿元，后三年则需要每年支付20亿元。

但体奥动力5年80亿高价取得中超联赛媒体转播版权的情形并未持续很长时间，2017年，体奥动力（后更名为苏宁体育传媒）向中超联赛有限责任公司提交了交涉函，明确表示需要暂缓支付2017赛季的第二笔版权费6亿元，之后双方重新进行谈判，并在2018年1月就中超联赛媒体转播权的费用达成一致：从2015年到2020年5年80亿的费用调整为从2015年到2025年10年110亿，其中2016赛季到2020赛季每年支付10亿元，2021年支付11亿元、2022年支付11.5亿元、2023年支付12亿元、2024年支付12.5亿元、2025年支付13亿元，后五年共计支付60亿元。

2020年，中超联赛由于受到新冠肺炎疫情的影响，赛制改为集中赛会制，分两个阶段进行，赛制出现变化且比赛场次出现缩水，中超联赛有限责任公司再次与体奥动力针对联赛媒体转播权的版权合作费应付额度达成降价共识，但中超联赛有限责任公司收到的版权费用与约定应付额度存在巨大差距，最终中超联赛有限责任公司向体奥动力发出解约函。

2021年5月，权威体育杂志《体育产业》（Sport Busines）发稿表示，中超联赛正面临国内媒体权益收入出现大幅下降的局面。并且还指出，到现在为止，中超联赛已经和国内互联网巨头腾讯、足球应用程序懂球帝达成交易，而与中央电视台的版权交易依旧在洽谈中。腾讯和中超联赛有限责任公司的交易范围为2021年到2023年赛季所有比赛的非独家数字版权，交易价分别为2021年7000万元、2022年8000万元、2023年9000万元。懂球帝同样与中超联赛有限责任公司进行了三个赛季的版权协议，自2021年到2023年涵盖了中超联赛所有比赛的非独家直播权，每轮可以转播四轮比赛。

整体而言，自2021年，中超联赛的媒体转播权价值已经降至每年约

1.43 亿元，与体奥动力 10 年 110 亿的高价版权费相比，出现了巨大的下降。

（二）中国足球超级联赛媒体转播权交易分析

1. 中超发展初期媒体转播权交易分析

2004 年中超联赛刚刚成立，前三年很多人对中超联赛的信心不足，并不愿意投入太多资金，因此虽然中超联赛开始了市场化发展，但前三年是由上海文广集团以每年 5000 万元拿下了中超联赛三年的媒体转播权。之后，上海文广集团又与中超联赛续约五年，年度比赛的媒体转播权则仅值 1000 万元，出现了极大的滑坡。2012 年，中超联赛有限责任公司和上海文广集团的媒体转播权交易到期，但受到版权市场不完善、足球环境不佳、相关资源受限等影响，中超的媒体转播权开始停滞不前，甚至下跌严重。2012 年，中央电视台以 730 万元的价格买断了中超联赛的转播权，该断崖式价格持续了三年时间。

直到 2014 年，一方面受到新媒体崛起产生的压力，另一方面国务院下发了《关于加快发展体育产业 促进体育消费的若干意见》，明确提出要研究建立体育产业资源交易平台，通过市场原则来确立体育赛事转播收益的分配机制，促进多方参与主体的共同发展，同时放宽赛事转播权的限制，以便实现优化体育赛事市场环境的目标。在这样的背景下，中央电视台才将中超联赛的转播权价格提升到 1000 万元。

不仅当时中超联赛的媒体转播权无法售出恰当的价格，而且因为版权市场的不完善，在各个地方体育频道的电视直播范围根本不存在地方电视台向中超联赛有限责任公司付费的情况。当时的电视台在现场对比赛进行转播，会为全国各地提供公共信号，因此地方电视台就自然而然地获得了免费比赛播出权。这就导致中超联赛市场化发展道路走得极不顺畅。

中国社会科学院 2013 年 4 月发布的《中国体育产业发展报告（2013）》中明确指出了体育赛事的转播权令中国体育竞赛产业面临挑战和尴尬的原因，即一些传媒企业制约了中国职业体育赛事的市场化发展，国内的职业体育电视转播权一直未能成为职业体育有效的收入渠道。

2. 中超媒体转播权高价交易分析

2015 年，体奥动力以 80 亿的高价正式获得中超联赛 2016—2020 赛季全部比赛的信号制作、包装、传输、视频版权销售权，并在 2016 年和 2017

年支付给中超联赛有限责任公司20亿元转播权版权费用。体奥动力如此大力度地支持中超联赛，甚至出现跳跃式版权费支付，造成了整个中超联赛转播市场的巨大震动。

2016年2月，乐视宣布以27亿元的价格从体奥动力手中购买了中超联赛2016年和2017前两年所有比赛的新媒体版权。同时，体奥动力很快就参与了乐视的B轮融资，成为乐视股东之一，双方联袂成为互握股权的命运共同体。

体奥动力和乐视体育平台的联袂，推动体奥动力高效完成了中超联赛媒体转播权的版权交易和内容制作拼图，形成了完整产业链的布局。此布局的前提就是，中国社会经济的快速发展，中国中产阶级人口基数不断扩大，居民在体育娱乐消费中的投入意愿开始不断增加，同时2015年国家的相关政策，包括《中国足球改革发展总体方案》和《中国足球协会调整改革方案》都在推动着中国足球向真正的市场化转变。

体奥动力联袂乐视体育的布局就是一次大胆的试水，其布局所瞄准的就是在数亿中国足球球迷和移动互联网技术基础之上的付费收看模式。在2016—2017年，中超联赛新赛季开幕多日之后，中央电视台才与体奥动力达成协议，并在每周六晚的固定时段直播一场中超赛事，共播放30场，还可以机动选择额外的20场比赛进行直播。这个转播量比前一个赛季减少了近一半的数量，侧面反映了体奥动力和乐视体育的收费布局计划，即慢慢收紧转播权利，推动用户向收费的方向进行转移。

但是，体奥动力的版权布局明显跨步过大，其整体布局是从中超联赛的媒体转播权切入，向上做赛事的整体运营，向下则做包括平台在内的各项业务，目标是改变中国体育产业的市场化格局，甚至打算在五年内使中超联赛的比赛播放制作水平接近国际水平，并为联赛的公共信号制作规范性制作新标准，同时提高摄像和转播水平。这个目的和方向很好，即推动中超联赛和足球竞赛水平得到提升，推动整个联赛和俱乐部的整体体系良性运转，其背后最大的支撑就是互联网的发展和大数据技术的进步，只有通过数字化模式的推动，才能整体推动中超产业体系的快速上升。

从此角度而言，体奥动力花费高价布局中超联赛，最深层的目的就是通过投资覆盖产业链，推动乃至倒逼中超联赛的产业链基础设施快速完善，在此基础上将体育产业的IP延伸到文化产业，形成"内容+硬件+明星"的全产业链生态布局。

3. 中超媒体转播权交易滑坡分析

就在体奥动力联袂乐视体育布局中超联赛媒体转播两年之后，2017年，体奥动力向中超联赛有限责任公司提交了交涉函，最后交涉结果为从2018年开始，体奥动力自2016年到2025年总共支付110亿元，获得中超联赛十年的媒体转播权。此举相当于原本每年16亿元价位的中超联赛媒体转播权，瞬间缩水到每年11亿元，甚至到2020年约定支付价格再次出现滑坡。这虽然有客观环境的影响，但还有其他因素的影响，导致中超联赛有限责任公司向体奥动力发出解约函，最终解除了中超联赛2021赛季的媒体转播权合作。

分析两者无法继续合作的原因，除2020年疫情因素造成的中超联赛的赛制改为集中赛会制，因赛制变化比赛场次出现了缩水之外，还有两方面因素：一个是互联网的快速发展和向体育产业的快速渗透；另一个则是为了中国足球更好更长久地发展及进步，中国足协发布的对应政策。

（1）互联网对中超联赛媒体转播权交易的冲击。随着科技手段的不断发展和提高，体育赛事的网络版权必然会是极为重要的一环，而且在科技发展的影响下，未来的产品和服务会越来越细化，门类也会越来越精准，从而实现平台的差异化发展。

互联网的快速发展对体育赛事的媒体转播权的交易造成了极大的冲击，就中超联赛而言，互联网对其媒体转播权的渗透正在快速加深，前面提到的乐视体育和体奥动力的联袂就是最鲜明的例子。也就是说，互联网和体育的距离越来越近，而且随着移动互联技术的发展，互联网能够通过体育赛事来加强与用户的互动、缩小与用户的距离。

另外，互联网的多平台去中心化发展模式推动着体育赛事将突破原本的新媒体端转播一家平台独家买断、播出和分销的模式，转向多媒体平台转播权非独家分销的模式。这种模式也早已有所试探，如体奥动力与中超联赛有限责任公司的媒体转播权协议解除之后，中国足协开始自行与媒体平台进行媒体转播权的谈判合作，2020赛季的足协杯赛事并未在中央电视台和地方电视台独家播出，而在多个新媒体平台进行了播出，这种非独家的媒体转播权分销模式完全能够被复制到中超联赛中。

2021年，腾讯和懂球帝与中超联赛有限责任公司达成的协议就是中超联赛媒体转播权的非独家数字版权分销，即两个平台均能够播放该赛季的比赛。虽然这种分销多平台的媒体转播权出售模式会造成中超联赛的媒体版权分流甚至价值下降，但在互联网时代的背景下和中国庞大球迷基数的基础上，多点开花和薄利多销将成为中超联赛的最优选择。

（2）中国足协政策对中超联赛媒体转播权交易的影响。2017年1月，中国足协发布了《中国足协将对中超中甲联赛部分相关规程内容进行调整》（也称"中超外援+U23新政"）的消息，规定从2017赛季开始，中超每场比赛之中仅允许包括亚洲外援在内的3名外援登场，并规定中超和中甲球队的每场比赛至少需要报两名U23国内适龄球员，其中的一名U23适龄球员必须首发出场。

2017年6月，中国足协就发布的"中超外援+U23新政"进行了进一步细化，并对2018年赛季增加U23球员上场人数的政策进行了细化，最终做出了新的规定，其核心内容包括首发队员必须有至少1名U23球员；U23球员上场人数不少于外援上场人数；比赛之中不强求必须有1名U23球员。

新政策的出台，使原本中超联赛媒体转播权卖出高价版权后，不仅导致多个球队投入重金引进世界级外援的行为暂停，也打了很多球队一个措手不及。在这种情况下，中超联赛的商业价值、比赛质量等下降，因此购买媒体转播权的版权方利益自然受到了损害。

也正是由于新政策的出台和实施，体奥动力提出要暂缓支付2017年中超联赛媒体版权费，并开始与中超联赛有限责任公司重新开始谈判，最终在2018年1月对双方的版权合同费用和时间均进行了调整，由原本的5年80亿元调整为10年110亿元。

虽然新政策的出台和实施看似使各方利益均受到了损害，但从中国足球未来的发展角度来分析，"中超外援+U23新政"是中国足协贯彻执行《中国足球改革发展总体方案》的必要手段，是将更多的发展机会和更广阔的平台留给中国本土球员，是给予自己人更多锻炼机会，实现中国足球梦的必要措施。

从中国足球的长远发展来看，"中超外援+U23新政"的出台，虽然导致中超联赛媒体转播权的价格出现了下滑，但能够从根本上进一步夯实中国足球的发展基础。毕竟中超联赛有限责任公司想要确保U23球员的上场机会和比赛成绩，各个俱乐部就需要在中国足球青训体系的发展和完善方面下苦功夫，通过完善青训体系来培养更多更优质的中国本土球员，这样才能确保中超联赛的比赛质量。而培养更多优质中国青年足球队员才是中超联赛各个俱乐部制胜联赛并稳定、长久发展的稳妥道路。

第三节　中国男子篮球职业联赛（CBA）的媒体转播权交易分析

中国男子篮球职业联赛（China Basketball Association），简称中职篮（CBA），是由中国篮球协会主办的跨年度主客场制篮球联赛，也是中国最高等级的篮球联赛。

一、中国男子篮球职业联赛概述

CBA 如今代表的是中国男子篮球职业联赛，但在 CBA 的名称最早诞生的十年间，其并非是中国男子篮球职业联赛的简称，而是中国男篮甲级联赛的简称。2004—2005 赛季，中国男篮甲级联赛开始正式由甲 A 联赛向中国男子篮球职业联赛转变，并自 2005 年开始，CBA 成为中国具有品牌价值的职业联赛。

（一）1995—2005 年 CBA 初诞生

CBA 名称最早出现于 1995 年，当时中国篮球协会受到美国职业篮球联赛（National Basketball Association，NBA）的影响和启发，举办了具有联赛雏形的中国篮球联赛，并于出现之初就进行了独家冠名赞助模式的名称，即 XXX 中国男篮甲级联赛。

1.CBA 独家冠名

在 1995—1996 赛季，CBA 的经营权被国际管理集团（IMC）买断，其不仅为 CBA 提供经费和支持，还执行联赛的市场化运作，因此 CBA 开始实行商业冠名的发展模式。

从 1995 年到 2005 年，由于有不同的独家冠名赞助商，中国男篮甲级联赛的名称也有所不同。这一情况直到 2005 年"北极星"计划被提出后才产生变化，CBA 在 2005 年正式更名为中国男子篮球职业联赛。1995—2005 年 CBA 的联赛名称概况可参照下表（表 5-1）。

表 5-1　1995—2005 年 CBA 联赛名称

赛季	CBA 联赛名称
1995—1996 赛季	555 中国男篮甲级联赛
1996—1997 赛季	希尔顿中国男篮甲级联赛
1997—1998 赛季	希尔顿中国男篮甲 A 联赛
1998—1999 赛季	希尔顿中国男篮甲 A 联赛
1999—2000 赛季	希尔顿中国男篮甲 A 联赛
2000—2001 赛季	希尔顿中国男篮甲 A 联赛
2001—2002 赛季	摩托罗拉中国男篮甲 A 联赛
2002—2003 赛季	摩托罗拉中国男篮甲 A 联赛
2003—2004 赛季	联通新时空中国男篮甲 A 联赛
2004—2005 赛季	中国男子篮球甲 A 联赛
2005—2006 赛季	正式命名为中国男子篮球职业联赛（CBA）

2.CBA 初期赛制及外援制度

从 1995 年到 2005 年间，CBA 不仅采用的是冠名模式，而且赛制是升降级制度，即每年联赛的最后两名球队降级进入甲 B，而甲 B 联赛的前两名则升级进入甲 A。CBA 联赛从建立以来就已经开始实行外援计划，在 1995—1996 赛季首位外援队员登陆 CBA，之后的两个赛季中，外援开始被大规模引进。为了规范联赛赛制，当时的每支球队可以拥有两名外籍球员，但两名外援不能同时出场。

自 1997 赛季开始，CBA 联赛的参赛队伍扩展为十二支，联赛的赛制开始采用主客场模式，即参赛的球队会互为主场进行两场比赛，按总比分来决定胜负并排名，若两场比分总和相当，那么客场得分较多的球队获胜。

在 1998 赛季，联赛规定每支球队在一个赛季最多可引进四名外援，且不再限制两名外援不能同时出场，而是运用了四节四人次的规定，首次允许球队在赛季中途更换外援，此规定一直持续到 2001 赛季。

从 2001 赛季开始，CBA 联赛规定每支球队可以引进 2～3 名外援，但比赛过程中最多允许两名外援上场，且外援采用 4 节 5 人次政策。这一外援政策一直持续到 2004 赛季，且在 2001—2004 赛季，因为姚明登陆 NBA，所以 CBA 各球队开始拥有 NBA 履历的外援。

3.CBA 联赛参赛球队制度发展

CBA 联赛的诞生是在中国篮球协会和国际管理集团共同推进下孕育而成，随着 1995 年全国篮球训练竞赛会议的召开，以及《中国篮球协会运动员转会转队暂行条例》《俱乐部篮球队暂行管理条例》《1995—1996 赛季全国男篮甲级联赛规程》等规章的发布，CBA 联赛的参与主体、运行框架等开始得到明确。

随着 1995—1996 赛季 CBA 联赛的举行，中国篮球职业化改革和发展的序幕得以正式开始。整个 CBA 联赛的发展初期，中国篮球协会秉承着在发展过程中探索、在探索过程中总结、在总结过程中立法并完善的指导思想，开始对 CBA 联赛的发展进行规范和完善，在 1996 年出台了《中国篮球协会俱乐部章程》，推动着参赛的 12 支球队完成了俱乐部转制。

1997 年，国家体育总局篮球运动管理中心正式成立，但由于其与中国篮球协会属于同一套管理体系，因此管理体制带有明显的双轨制性质，从而在一定程度上制约了篮球俱乐部自主经营的积极性和能动性。

（二）CBA 职业化发展

2004—2005 赛季，CBA 联赛开始推出圈套的视觉识别及联赛标识系统，同时当时的中国篮协主席提出了"北极星计划"，对 CBA 联赛未来的发展方向进行了规划。该计划的目标是将 CBA 打造为具有品牌价值的职业联赛，并针对该目标提出了 CBA 联赛发展的若干小目标，包括将 CBA 联赛发展为有力的品牌赛事、将中国篮球运动员培养为亚洲范围乃至世界范围的顶尖运动员、将 CBA 打造为亚洲范围最好的体育联赛、推动 CBA 联赛可持续且盈利发展，最终将 CBA 联赛打造为世界级的职业联赛。

1.CBA 联赛的制度职业化发展

2004 年，CBA 联赛取消了原本的升降级制度，正式采取了准入制度，给予各篮球俱乐部有关篮球职业联赛的准入资格要求，即 CBA 联赛的 29 条军规，其内容涉及相关的俱乐部制度、机构设置、CBA 旧标志比赛场馆设施、财务制度、参赛保证金、球队建设等多个方面。其中最核心的内容就是俱乐部需要提供2000万元注册资金，以及700万元参赛保证金，保证金可以由200万元现金和500万元固定资产组成。

在2004年制定的准入制度基础上，2013年，中国篮协再次对准入制度进行了完善，要求俱乐部注册资金必须达到2000万元以上。另外新加盟CBA的球队需要缴纳3500万元的入籍费和200万元保证金，同时要保证未来三个赛季资金不低于3000万元。

自2004年CBA联赛踏上职业化发展的道路后，赛制也逐渐变得正规，联赛赛季从每年10月或11月开始，到次年的4月左右结束，时间跨度和美国NBA相仿；同时，在比赛方面，CBA吸收了NBA先进的赛制经验，并从2008赛季开始实行了常规赛、夏季联赛、季前赛、季后赛、总决赛、全明星娱乐赛等多种比赛结合的赛季模式，通常采用南北两个分区进行比赛。

联赛的商业赞助也开始更加稳定，从2005年开始，盈方体育传媒集团与CBA签约，不仅成为其独家市场伙伴，还全权代理CBA联赛的商业开发，两者的合作持续到2012年并再次续约。从2012年开始，盈方体育传媒集团用5年17亿元的价格，获得了CBA联赛的5年商业代理权，最终在2017年结束。

2016年底，中蓝联（北京）体育有限公司（即CBA公司）正式成立，CBA联赛正式开始实行管办分离模式，即CBA的竞赛管理权和商务运营推广权真正下放到CBA公司手中，中国篮协不再插手CBA联赛的具体事务，只承担对其的监督职责。这意味着CBA联赛正式进入全商业化发展道路。

2017年，盈方体育传媒集团和CBA的合约到期，CBA的商业代理权重新回归CBA公司。同年，姚明当选中国篮球协会主席，并在数月后当选CBA公司董事长。从2017年开始，CBA联赛进入新一轮改革阶段，并以2017—2018赛季为试行期，2018—2019赛季为正式施行之始，对CBA联赛的赛程延长事宜、赛制引援规则改良、媒体转播权重点开发等商务服务进行了改革，这一轮改革对CBA联赛版权的价值开发和CBA品牌影响力的发展都是一次机遇。最明显的变化就是，从2017年开始，CBA联赛的媒体转播权开始从原本的独家版权模式向非独家版权模式转变，这也意味着CBA联赛的商业化运作模式进一步成熟并完善。

2.CBA联赛外援制度

从2004—2005赛季开始，CBA联赛首次引进了统一选择外援的制度，选取形式采取"倒摘牌"制度，规定CBA参赛球队的教练员和管理人员按照统一的工资标准和管理条例与被选中的球员签约，此制度一直持续到2008赛季。此阶段外援制度除采用统一"倒摘牌"制度之外，外援出场时间一直采用的是4节5人次制度。

2008—2009赛季，外援政策进行了重大变革，首先是取消了原本的统一选秀制度，CBA联赛开始允许各个球队自由选择外援，且整个赛季中外援的上场时间也不再受到明显的限制，同时各球队可以在整个赛季中更换两人次的外援，且对更换时间不作规定，但亚洲球员不允许进行更换。

从2014—2015赛季开始，CBA的外援政策再次出现变化。在以前的CBA联赛中，各球队通常会选择在下半场使用双外援的模式，这就导致最终的比赛胜负有很大一部分是由外援来掌控，而国内的球员很难在比赛的关键时刻发挥自己的作用，为了改变和促进国内球员在关键时刻处理球的能力。从该赛季开始，外援使用时间依旧沿用原本的4节5人次模式，但最后一节将不再允许使用双外援。

2020—2021赛季，CBA联赛的外援制度再次被调整，首先是该赛季开始全面实施外援4节4人才模式，而在对阵全国内球员的球队时，外援政策进行了更进一步的限制。

二、中国男子篮球职业联赛媒体转播权交易

2001年，CBA联赛的媒体转播权真正开始市场化运作。2001年底，华奥星空以中介公司的身份参与了CBA联赛的媒体转播权的市场运作。2001—2002赛季，CBA联赛的媒体转播权是以中国所有电视台为重点开发对象，采用电视台付费购买和广告时间置换的开发形式，从此CBA联赛的媒体转播权开发正式提上日程。

（一）CBA中国男子篮球职业联赛媒体转播权交易概览

CBA联赛的媒体转播权是从2001—2002赛季正式踏上开发历程，但其实早在1995年CBA联赛刚刚建立时，国内的众多电视台就已经对该联赛有了足够的关注，包括中央电视台在内，众多地方电视台都对CBA联赛进行了现场直播，甚至国外的法新社和美联社等媒体也对比赛进行了报道。

1.CBA联赛媒体转播权打包出售阶段

虽然CBA联赛受到了广大媒体的广泛关注，但在CBA联赛初期，因

为缺乏市场化运营的专业人员和运营经验，所以整个CBA联赛的管理方并未对联赛的媒体转播权进行独立开发，而是运用了联赛商务运营权外包的形式，即将CBA联赛的全国电视转播权、冠名权、标志产品授予权、广告权等以每年约3000万元的价格进行了打包出售，由国际管理集团进行外包管理，初步合同期为六个赛季，即从1995年到2001年。

与此同时，中央电视台也以广告时段置换的方式，获得了CBA联赛在1995年到2001年六个赛季比赛的全国电视独播权。而CBA联赛的地方转播权并未得到开发，仅仅在1998—1999赛季，联赛的参赛球队中有两家球队实现了其比赛的电视转播权的有偿转让，总价格为65万元。

2.CBA联赛媒体转播权交易开发初期

2001年，国家体育总局为了推动中国体育赛事的转播权开发，设立了电视转播权研究与指导委员会。在此背景下，CBA联赛管理方在结束与国际管理集团的合约之后，开始针对社会进行2001—2004赛季CBA的商务运营权公开招标，但因为媒体转播权的管理制度建设的缺失，造成最终未能真正切入市场。

最终，2001年CBA联赛的商务运营权由中国体育报业总社与国家新闻出版署合资组建的中广网公司获得。在双方合作过程中，CBA联赛在制度和规则方面的规范化发展为其媒体转播权的市场开发奠定了扎实的基础，创造了有利的条件。

比如，2001赛季CBA联赛实行了国家A级裁判制和三裁判制，还引入了A级裁判的动态管理竞争机制，有效提高了CBA联赛过程中的执法水平；比如，2001赛季CBA联赛的比赛制度更换为国际篮球联合会标准的进攻限时24秒规则，从而使整个比赛的节奏更加紧凑。

在这样的背景之下，CBA联赛2001赛季的全国电视转播权以260万元的价格出售给了中央电视台，并获得了一定的中央电视台的广告置换时间，总体计算整个2001赛季CBA联赛的全国电视转播权收入超过了1000万元。这意味着CBA联赛的媒体转播权交易开发开始正式步入市场化阶段。

3.CBA联赛媒体转播权分销发展阶段

不论是CBA联赛媒体转播权的打包售卖阶段还是初步开发阶段，其实都属于独播式发展期，即对整个CBA联赛的各种版权认知并不完善，媒体转播权受到的重视度并不太高，因此获得的收益也并不理想。

2003年，上海文广新闻传媒集团以1500万元的价格获得了CBA联赛2003—2006三个赛季的全国电视转播权（通过卫星频道的网络形式转播），CBA联赛的媒体转播进入中央电视台与卫星频道双主播平台的分销模式。

在这三个赛季过程中，CBA联赛在制度、外援计划等方面均进行了完善。2005年，中国篮球协会发布了《2005—2006中国男子篮球职业联赛俱乐部准入实施方案》，不仅提高了各篮球俱乐部的市场化运营标准，也推动了CBA联赛的市场化进程，为CBA联赛的媒体转播权的市场开发提供了良好的条件。

2005年，盈方体育传媒集团以每年约5380万元的价格获得了CBA联赛未来七个赛季（2005—2012赛季）的商务运营权，其中就包括了CBA联赛的媒体转播权。虽然CBA联赛的商务运营权是以打包的形式整体出售，但CBA联赛组织管理方与盈方体育传媒集团的合作模式并非纯粹的买断，而是在支付固定协议金额后，产生的盈利需要以8∶2的比例进行利润分配，即盈方体育传媒集团在运营过程中，不论盈亏，每年都需要支付给CBA联赛组织管理方固定的5380万元，若产生盈利则盈方体育传媒集团也只拿其中二成的利润，多数利润则归属CBA联赛组织管理方。

在此期间，中国体育电视联播平台（CSPN，由多家地方电视体育频道和神州天地影视传媒有限公司联合成立）加入了CBA联赛的转播阵营，CBA联赛的转播开始从全国转播向区域性联播、地方电视台转播的多向转播架构转变。但在盈方体育传媒集团全权负责CBA联赛商务推广的十二年间，其每年的电视转播权收入平均约两千多万。

与电视转播权的开发形成鲜明对比的则是网络转播权的开发，随着互联网技术的发展和普及，从2007年开始，CBA联赛的网络转播权得到开发，搜狐和网易等门户网站开始以网络视频转播与视频集锦为切入点，正式介入CBA联赛媒体转播权的开发中。搜狐和网易两家门户网站先后获得了CBA联赛2007—2008赛季以及2008—2011赛季的独家网络转播权。其中网易所获得的2008—2011赛季的独家网络转播权价格共1200万元，权限包括独家网络视频、点播权、网络媒体分销权等。

2010年，《2010—2011赛季中国男子篮球职业联赛俱乐部准入标准、评估细则》发布，CBA联赛的所有俱乐部均需完成企业制改革，并采取公司治理结构形式对俱乐部进行管理，CBA联赛的职业化程度得到了进一步加强。在此基础上，CBA联赛的电视收视人次得到了巨大的提升，如2011—2012赛季电视累积收视人次超过了7亿。

在这样的背景下，2012年，盈方体育传媒集团再次与CBA联赛续约，以17亿元的总价格获得了CBA联赛2012—2017赛季的商务运营权。同时，CBA联赛的新媒体转播权方面也在2011年开始产生变化，由原来的独家转播平台转变为门户网站端与网络电视端共同转播的双平台转播模式。如2011—2014赛季，CBA联赛的新媒体转播权由搜狐体育与PPTV聚力体育获得，新媒体转播权的交易价格约为每年1000万元（三赛季约3000万元）。

4.CBA联赛媒体转播权多元化发展阶段

2014年，国务院下发了《关于加快发展体育产业促进体育消费的若干意见》，体育赛事的转播权限制进一步被放宽，在政策的引导下，各大网络商业巨头开始积极加入体育赛事的版权市场竞争中。CBA联赛的媒体转播权正式进入多元化发展阶段，尤其是新媒体转播权的开发和发展。

如2014—2016赛季，CBA联赛的新媒体转播权由搜狐体育、PPTV聚力体育、乐视获得，新媒体转播权的交易价格约为每年2000万元（两赛季4000万元）；如2016—2017赛季阿里体育公司宣布成为该赛季CBA联赛的官方视频转播机构，播出平台为优酷视频，该赛季CBA联赛的新媒体转播机构达到了七家，仅此赛季的CBA联赛的新媒体转播权总出售价格就达到了1.4亿元。

2016年，中蓝联（北京）体育有限公司（即CBA公司）正式成立，这意味着真正实现了CBA联赛的管办分离。同时，随着2017年盈方体育传媒集团与CBA联赛的合约到期，CBA联赛的商务开发权正式回到了CBA公司手中，并且CBA公司的成立也在法律层面上明确了各个俱乐部真正与联赛成为利益共同体，这自然推动了CBA联赛的稳定发展和职业化发展。

2017年，随着姚明成为中国篮协新任主席，并随后成为CBA公司的董事长，CBA联赛的新一轮改革正式提上日程。在体育媒体转播权愈受重视的大背景之下，CBA联赛的媒体转播权得到了极大的发展，呈现出多元化发展的态势。

在电视转播权方面，2017年，CBA公司与中央电视台签订了为期十年的全国电视转播权开发的合同，以CCTV-5和CCTV-5+两个频道为主。CCTV-5电视端可以每轮任选两场CBA联赛的比赛进行直播，CCTV-5+客户端可以在每轮剩下的八场比赛中再次任选两场CBA联赛的比赛进行视频直播，而且在电视端直播的比赛可以在客户端同步进行直播，相当于CCTV-5客户端能够每轮比赛进行四场比赛的视频直播。

在新媒体转播权方面，CBA联赛的2017—2018赛季的新媒体转播权的交易面更加广阔，其中腾讯体育和中国体育直播TV先后获得了CBA联赛2017—2020三个赛季的非独家新媒体全场次版权；再加上优酷视频的新媒体转播权，CBA联赛仅2017—2018赛季就获利达3亿元。

而在CBA联赛的2018—2019赛季开始之前，优酷视频和咪咕视频就已经和CBA公司达成了未来两个赛季的新媒体合作协议，中国体育直播TV则转投阿里，作为优酷体育旗下的附属平台获得CBA联赛的新媒体转播权，再加上腾讯体育所获得的剩余两个赛季的非独家新媒体全场次版权，总共有三家新媒体平台分享了CBA联赛在2018—2020赛季的新媒体转播权，其中每家新媒体平台需要每个赛季支付给CBA公司1.5亿元的版权费，即单赛季新媒体转播权交易费用为4.5亿元。

2020—2021赛季，CBA联赛的新媒体转播权又产生了巨大的变化，原本CBA联赛的新媒体合作伙伴腾讯体育和优酷体育不再继续合作，仅存央视体育和咪咕视频，虽然新媒体合作伙伴出现了减员，但新媒体转播权的价位却并未滑坡。其中中国移动旗下的咪咕公司成为CBA联赛未来5个赛季的官方合作伙伴，咪咕视频获得了CBA联赛后续5个赛季全部的CBA联赛和全明星周末的互联网转播权，以及运营商独家IPTV转播权。

虽然CBA联赛的新媒体转播权的具体交易价格遵循惯例属于保密范畴，但据悉，CBA公司和咪咕视频的合作并非单纯的新媒体转播权合同，而是包括了赞助、转播权、特许商品授权等打包形式的多项内容，且每年保底金额为5亿元，即5个赛季保底25亿元。从此角度来看，若单项计算CBA联赛的新媒体转播权，单赛季交易费用必然低于2018—2020赛季中的每年4.5亿元，但相对也更加稳定，且版权价值相对提高了很多，毕竟这仅是一家新媒体合作伙伴所给出的版权价格。

CBA联赛从2003年到2021年各赛季的新媒体转播权交易情况的具体数据和合作模式可参照下表（表5-2）。

表 5-2 2003-2021 各赛季 CBA 联赛的新媒体转播权交易情况

赛季	新媒体转播平台	新媒体转播权交易价位	权限内容	媒体转播特征
2003—2007赛季	上海文广传媒集团	500 万元每年，三赛季 1500 万元	卫星频道以网络形式转播，内容与电视相同	新媒体转播权开发萌芽期
2007—2008赛季	搜狐	—	独家网络转播权，开辟先河，包括赛事转播、集锦、资讯	
2008—2011赛季	网易	400 万元每年，三赛季 1200 万元	独家网络转播权，包括独家网络视频、点播权、网络媒体分销权、CBA 联赛管网网站承办权	
2011—2012赛季	搜狐体育	500 万元每年	CBA 与 OWS 合作首次实现海外网络转播	新媒体转播权开发快速成长期
2012—2014赛季	搜狐体育、PPTV 聚力体育	1000 万元每年，两赛季 2000 万元	CBA 联赛首次实现新媒体版权分销	
2014—2016赛季	搜狐体育、PPTV 聚力体育、乐视	2000 万元每年，两赛季 4000 万元	新媒体平台在赛事转播的包装和解说方面愈发专业	
2016—2017赛季	门户网：腾讯体育、乐视体育、阿里体育、搜狐体育；视频平台：暴风体育、PPTV 聚力体育；直播平台：YY 直播	新媒体版权总价值 1.4 亿每年	多家媒体平台良性竞争，CBA 赛事转播质量再次提升	新媒体转播权开发黄金期
2017—2018赛季	腾讯体育、优酷视频、中国体育直播 TV	新媒体版权总价值约 3 亿元	新媒体平台优势竞争，影响力更集中	
2018—2020赛季	腾讯体育、优酷视频、咪咕视频	每家新媒体平台每年支付单赛季版权费 1.5 亿元，每年新媒体版权总价值 4.5 亿元	三大平台给予观众更多选择，形成良性竞争机制，提高转播质量，与观众形成深入互动	巨头竞争阶段
2020—2025赛季	咪咕视频	赞助、转播权、特许商品授权打包价格，每年保底 5 亿元，五赛季保底 25 亿元	暂时单平台版权打包，媒体转播权市场更加冷静；腾讯体育与优酷体育洽谈非全场次转播权获取	新媒体转播权交易进入分支细化阶段

（二）中国男子篮球职业联赛媒体转播权交易分析

1. CBA联赛媒体转播权交易阶段分析

综上所述，CBA中国男子篮球职业联赛的媒体转播权交易共经历了三个大阶段。

第一个阶段是媒体转播权的独播阶段，主要跨越时间为1995—2003年，最大的特点是CBA联赛的独家媒体转播权由中央电视台获取，其对于CBA联赛的发展和品牌建立具有极大的推动作用，但相对而言，媒体转播权的市场开发情况却差强人意，不仅价位较低，而且为独家获取，未能发挥出媒体转播权的广泛传播作用。

第二个阶段是媒体转播权的市场分销阶段，主要跨越时间为2003—2014年，最大的特点是CBA联赛的媒体转播权不再被独家享受，而是可以由获得转播权的机构对其进行二次出售。这种市场分销模式推动了全国、地方、海外等各大转播平台实行多层次转播，同时也会全面覆盖电视、广播、网络、户外数字媒体、平面等各大媒体。在转播全面覆盖和多层次的基础上，媒体转播权的出售价格也出现了极大的攀升，实现了竞价体系的完善，但联赛运营的缺点也被快速暴露，从而使媒体转播权的市场开发受到一定限制。

第三个阶段是媒体转播权的多元化发展阶段，主要跨越时间为2014年之后至今，最大的特点是CBA联赛的媒体转播权相对完善的架构体系搭建完成，基本构成了新媒体转播平台和电视平台齐头并进的多元化市场结构，且新媒体转播平台为未来发展的中心和趋势。在这样的背景下，数字化转播技术开始被重视，转播质量也开始更优，同时新媒体的版权类型开始出现细化出售，转播覆盖的领域端口更加全面。由于竞争更加激烈，所以媒体转播权的出售价格也得到了大幅提升。

2. CBA联赛媒体转播权收益分析

从CBA联赛的媒体转播权的收益来看，虽然整体而言收益在不断增加，且各方对媒体转播权的重视也在不断加强，同时媒体转播权的细分模式已经逐步形成，但在CBA联赛所有的收入之中，媒体转播权仅仅能占到10%～20%左右，CBA联赛各个俱乐部最主要的收入来源依旧是赞助费。同时，媒体转播权的收益能够分配给俱乐部的依旧屈指可数，甚至有时俱乐部还需要通过有偿的方式向俱乐部所在当地电视台支付电视转播费。

从这一点来看，CBA联赛的媒体转播权的市场开发依旧存在极大的空间，如国际上的顶级赛事，NBA的媒体转播权收益能够占据总收入的30%～50%左右，通常涉及国际版权交易会由联盟负责总代理，最终的媒体转播权收益会由俱乐部共享，同时各地区转播版权的收益也会归俱乐部所有，这样才能在根源上提高俱乐部和球员的积极性。

综合来看，在CBA联赛的媒体转播权的市场开发中，电视转播权的开发程度依旧较低，尤其是相对于中国超过半数的青少年极为关注篮球赛事运动、篮球爱好者涉及各个年龄阶段不同职业人群的受众而言，电视转播权的开发还欠缺很多。因此，深入开发CBA联赛的电视转播权，首先，需要优化行政管理体制，行政单位要在减少对CBA联赛的行政指令性干预的基础上，加大电视转播单位对市场的开发力度；其次，需要积极探索现代化的电视转播技术，以此来提高电视转播质量；再次，需要设置专业人员对CBA联赛的电视转播权进行开发与营销，通过科学手段最大化，挖掘联赛电视转播权的潜力，寻找灵活销售方式来推进电视转播权营销机制的完善；最后，需要加强对CBA联赛品牌的建设，通过强化商业包装来提高品牌价值，推动联赛电视转播权的经营可持续发展。

3.CBA联赛媒体转播权的开发路径分析

CBA联赛媒体转播权的市场潜力巨大，缺少的是对其市场潜力开发路径的探索，以下从四个角度来分析CBA联赛媒体转播权的具体开发手段。

首先，需要通过提高联赛的竞技水平和观赏水平来对CBA的品牌进行内部提升，尤其是要着重培养CBA联赛优质的本土后备力量，加强本土球员的技战术素质培养，提高本土球员在比赛中的主导能力，从而改变依靠外援的比赛现状；在提高内部能力的同时，还需要逐步建立起CBA联赛的专属文化，尤其是各球队的专属文化，从而有效提高观众群体的认同感和归属感。

其次，需要建立和健全CBA联赛媒体转播权的相关法律法规，如颁布或修订涵盖具体体育赛事转播权条款的法律，并为其提供司法保护，以避免赛事转播盗播侵权事件的发生。一方面，能够对CBA联赛的受众群体进行合流集中，确保以用户流量为盈利基础的转播方的广告收益和付费转播收益；另一方面，能够推动CBA联赛的媒体转播权收益和商业价值得到妥善保护。

再次，需要加强观众群体的付费观赛意识，加强媒体转播权的变现能力。比如，通过对部分 CBA 联赛的重要赛事进行包装，设立对应的付费观赛，或通过全新感受的互联网技术来实现 VR 或 360° 全景环绕观赛的付费方式，提高付费观赛观众的数量和基数，这样不仅能够提高 CBA 联赛媒体转播权的变现能力，也能够有效打击盗播现象，推动整个 CBA 联赛的媒体转播良性健康地发展。

最后，需要健全 CBA 联赛整体的管理运营程度。一是要建立和保持公平文明的竞争环境和比赛环境，推动 CBA 联赛正面商业价值的提升和品牌的完善，这不仅需要保证 CBA 联赛的裁判员足够专业，可以对其进行定期培训和评级，不合格的裁判员要予以惩戒，有效提高联赛的执法水平；同时需要制定更加严格和规范的球场管理制度，提高比赛的安保状况。二是要监督和维护 CBA 联赛的媒体转播权市场环境，通过与媒体转播方的共同努力，实现对比赛转播市场的监督，共同抵制市场中盗播侵权现象，以便能够维护彼此的权益，推动整个市场的良性发展。三是要完善各俱乐部青少年篮球运动员的培养体系构建制度，从人才选拔、各级训练、成才融入等各个方面实现人才与 CBA 联赛体系的无缝衔接，促使二级联赛、大学生联赛的人才水平能够向职业联赛靠拢，逐步提高本土球员的竞争力和水平，从而有效推动整个 CBA 联赛有序、可持续运营。

第六章　我国国际性综合体育赛事媒体转播权交易分析

第一节 我国奥运会媒体转播权交易分析

2008年给人们留下了诸多难忘的记忆，这一年让每一位中国人经历了悲伤与喜悦，后者无疑是伟大的中国举办了一届旷古绝今的夏季奥林匹克运动会。之所以旷古绝今，不仅仅表现在我国金牌榜跃居世界第一，赛事规模空前震撼，赛事异彩纷呈，同时在体育赛事媒体转播权交易方面实现了颠覆性的改变。而前者不需要笔者进行过多阐述，后者则为本书的创作起到了夯实基础的作用，并且这也是本节笔者所要研究、探索、阐述的主要内容，具体包括以下四个方面。

一、2008年北京奥运会媒体转播权交易模式

2008年北京奥运会向人们呈现的不仅仅是一届精彩纷呈的体育盛会，更是我国体育事业实现飞速发展的重要体现，具有里程碑的作用与意义。其中表现最为明显的也是最具有颠覆性的莫过于媒体转播权交易模式，该模式的出现意味着我国体育赛事传播走向新媒体化，并且能够为实现全媒体化发展夯实基础。

（一）2008年北京奥运会国内媒体转播权交易模式

2008年北京奥运会赛事转播之所以具有代表性和时代意义，主要原因就是赛事转播的途径实现了有效拓展，众多网络传播媒体成为重要的组成部分，能够让更为广泛的人群通过不同的渠道去了解赛事信息，进而也催生了媒体转播权交易模式走向创新。

如图6-1所示，我国2008年北京奥运会期间，体育赛事媒体转播权交易模式在运行过程中体现出了明显的特征。主要体现在两个方面：第一，央视作为国内媒体转播权分配的主体。中国中央电视台作为国务院直属事业单位，肩负着我国媒体行业可持续发展的重任，所以央视通常作为奥运会转播权唯一的获得者。第二，各网络媒体平台之间通过公平竞争获得转播权交易机会。在演示获得奥运会转播权之后，其他国内具有影响力的网络媒体要公平竞标，央视会针对各网络媒体运行的状况以及其所体现出的转播实力，将赛事国内媒体转播权交易给符合标准和要求的网络媒体，以求奥运体育赛事转播途径能够实现最大化，这也开辟了我国体育赛事转播权交易面向网络化的先河。

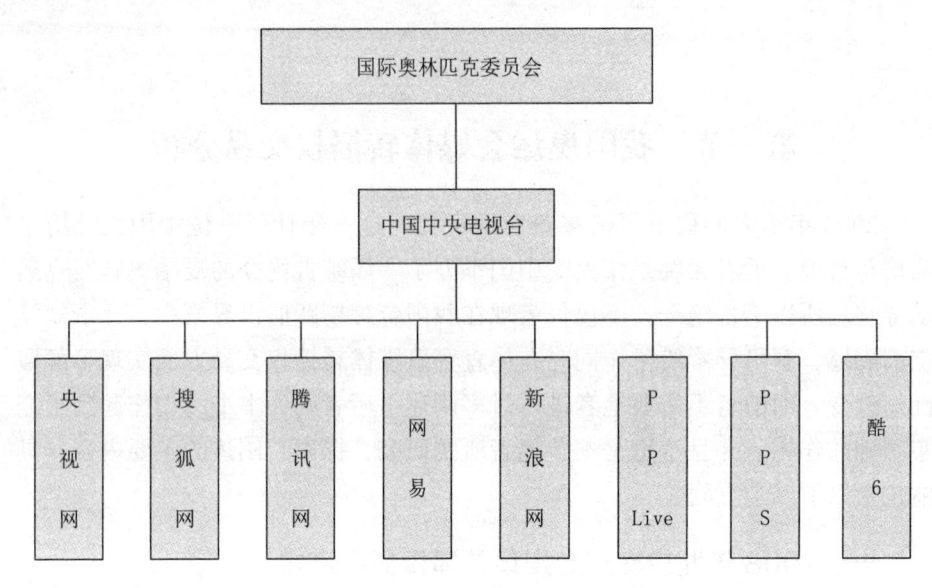

```
                 ┌─────────────────┐
                 │ 国际奥林匹克委员会 │
                 └────────┬────────┘
                          │
                 ┌────────┴────────┐
                 │  中国中央电视台  │
                 └────────┬────────┘
   ┌──────┬──────┬──────┬─┴────┬──────┬──────┬──────┐
 央视网 搜狐网 腾讯网 网易  新浪网 PPLive PPS  酷6
```

图 6-1　2008 年北京奥运会国内媒体转播权交易模式运行图

（二）2008 年北京奥运会国内媒体转播权交易模式在我国体育事业发展中的影响

综上所述，我国在 2008 年北京奥运会赛事媒体转播权交易全过程中更加强调交易过程的可控性。其原因在于，当时我国并未呈现出网络传播媒体承担赛事转播的局面，故而会存在诸多难以把控的局面，通过央视向国际奥委会提出转播权交易申请，并以央视为主体，集中向我国社会网络媒体发出竞标通知，最终由具备软实力和硬实力的传播媒体共同负责体育赛事全程转播，这样不仅能够确保体育赛事民众覆盖面的进一步增大，促使更多的群体关注体育赛事的发展，进而全面助力我国体育事业的飞速发展。但不可否认的是，这也推动了我国体育赛事转播权交易市场的飞速发展，使体育经济发展上升到新的高度，更使我国体育赛事转播权交易市场得到强有力的开发，最终推动我国体育赛事转播行业步入全媒体发展新时代，这无疑是 2008 年北京奥运会国内媒体转播权交易模式在我国体育事业发展中呈现出的最为重要也是最为直接的作用。

二、2008 年北京奥运会我国媒体转播权交易的媒体分布

2008 年北京奥运会让人们充分感受到体育大国所具有的责任担当，向全世界呈现出一届异彩纷呈的体育盛会。其间既有广大工作人员的不懈努

力、广大运动员和教练员的不懈拼搏,更有体育赛事传播媒体的不懈付出。其中,后者发挥的作用显然不可忽视,对我国体育赛事转播行业的发展具有划时代的历史意义。

2008年北京奥运会之所以是一届具有颠覆性的奥运会,其根本原因不仅仅是运营模式和比赛过程具有颠覆性,更重要的是让人们通过更多的渠道认识奥运会所有赛事,促进了我国体育事业的全面发展。其中最为显著的就是网络传播媒体进入奥运赛事转播中,成为向社会传递奥运精彩赛事的新载体。特别是当时我国网络传播媒体成为最重要的组成部分,其作用更是不言而喻。2008年北京奥运会我国媒体转播权交易国内分布情况如表6-1所示。

表6-1 2008年北京奥运会我国媒体转播权交易分布情况

媒体性质	所占数量	媒体名称
国务院直属事业单位	1个	中国中央电视台
商业运营	8个	PPLive
		搜狐网
		新浪网
		央视网
		网易
		腾讯网
		酷6
		PPS

由表6-1可知,2008年北京奥运会期间,我国获得体育赛事媒体转播权的运营机构主要有9个,而且当时在国内都极具影响力,为体育赛事提供全程报道。这不仅标志着我国体育赛事媒体传播渠道得到了有效拓宽,更意味着我国体育赛事转播权交易市场由此迈入飞速发展的新时代,成为我国体育事业发展的重要"加速器",并且为我国体育经济快速发展提供了强大的推动力。

三、2008年北京奥运会我国媒体转播权交易的盈利状况

从行业发展的角度出发,盈利无疑是最终的目的,高盈利就意味着有高投入的必要,反之则不然。2008年北京奥运会作为奥运史上浓墨重彩的一笔,体育赛事媒体转播权交易的盈利状况更是让世人惊叹,无论是国内网络媒体

转播权交易市场的盈利状况，还是国外媒体转播权交易市场的盈利状况，都为体育赛事转播权交易迈向全媒体化发展打下了坚实基础，指明了方向。以下笔者就以2008年北京奥运会媒体转播权交易的盈利状况为例对这一观点进行有效论证。

盈利情况是增强行业发展最为直接的动力所在，2008年北京奥运会期间，我国网络媒体转播已经初具规模，各大网络媒体运营商纷纷向央视购买体育赛事媒体转播权，以求能够从中获利。以央视为首的网络媒体平台在奥运会期间所获得的收益金额极为客观，远远超出2000年悉尼奥运会和2004年雅典奥运会，2008年北京奥运会我国网络媒体运营商赛事转播权交易的盈利情况如表6-2所示。

表6-2 2008年北京奥运会媒体转播权交易国内媒体投入与收益情况

国内转播媒体	投入资金（人民币）	收益金额（人民币）
新浪网	3500万元	17亿
网易	3500万元	
腾讯网	3500万元	
PPLive	3500万元	
搜狐网	3826万元	
PPS	3500万元	
酷6	3500万元	
央视网	3500万元	
总计	28 326万元	

由表6-2可知，2008年北京奥运会期间，我国媒体转播权交易市场投入与收益之间呈现出了正比关系。其中，中央电视台网络媒体平台（CNTV）并没有正式投入运营，但是各个网络媒体的收益上已经呈现出客观的成果，这也为我国体育赛事媒体转播权交易市场的繁荣奠定了坚实基础，同时更为我国体育赛事转播迈向全媒体化发展提供了强有力的推动作用。

四、2008年北京奥运会媒体转播权交易利益分配情况

利益分配是否公允、是否合理，直接影响着行业发展的进程与结果，

2008年北京奥运会媒体转播权交易模式的运作更是如此,其公允性和合理性直接影响着我国体育媒体转播权领域发展的未来,更关乎我国体育事业发展的整体进程。为此,笔者就以2008年北京奥运会为例,深入分析媒体转播权交易利益分配情况,希望广大学者及相关从业人员能够更加清晰地回忆过去所取得的成功,在未来的发展中更加清晰地明确着力点与侧重方向。

(一)2008年北京奥运会国内媒体转播权交易利益分配情况

回首十几年前的北京奥运会,内心依然澎湃,不仅标志着中国体育事业的发展迈向新高度,也意味着我国在体育赛事转播权交易机制方面初步成型。在此期间,国内媒体转播权交易利益分配方面呈现出两个基本特点:第一,收益分配的原则以促进我国体育事业可持续发展为中心。第二,收益分配能够满足网络媒体传播平台可持续发展的切实需要。就前者而言,在奥运赛事媒体传播过程中,一切收益则要高度汇总,按照比例向国际奥组委上缴相关利益分成的同时,还要依托我国体育事业发展的切实需求,向各个协会按照一定的比例分配所获得的收益。就后者而言,上述收益分配环节结束后,承担媒体传播任务的网络媒体按照收视率的高低分别获取相应的收益,确保收益与受众群体之间能够保持正比,进而促进其可持续发展。

(二)2008年北京奥运会国外媒体转播权交易利益分配情况

在北京奥运会期间,国外媒体转播权交易利益分配相对较为简单,基本操作主要由两个部分构成:第一,按规定的比例,向国际奥组委分配电视转播权和网络媒体转播权交易收益;第二,媒体联盟按照比例向所属分支机构分配电视转播权和网络媒体转播权交易收益。这两项操作是欧美及西方国家在2008年北京奥运会期间普遍采用的媒体转播权交易方案,强调利益分配的公平性,能够在一定程度上满足参与转播工作的传播媒体利益获取层面的需求,同时也能够保证各传播媒体的持续发展。

综上所述,在2008年北京奥运会期间,我国体育赛事转播权交易市场的发展形成了质的改变,转播权交易机制初步形成,虽然并不十分完善,但已经开创出我国体育赛事转播权交易市场的先河。这显然为我国体育赛事传播迈向全媒体化发展新阶段打下了坚实基础,更为我国体育经济和体育事业的飞速发展提供了"加速剂",使我国体育赛事媒体转播权交易在2016里约热内卢奥运会中进一步走向成熟。

第二节　我国亚运会媒体转播权交易分析

2010年广州亚运会，即第十六届亚洲运动会，是由中国第二个取得亚运会主办权的城市——广州主办，由汕尾市、佛山市、东莞市协办的一届亚洲运动会，举办时间为2010年11月12日到2010年11月27日，共计45个参赛国家和地区，9704名参赛运动员参加。

一、2010年广州亚运会概述

亚洲运动会是亚洲规模最大的综合性运动会，由亚洲奥林匹克理事会的成员国（成员数45个）每四年一届轮流主办。亚洲运动会的综合赛会包括多个种类，通常所说的亚运会全称为亚洲夏季运动会，除此之外，还有亚洲冬季运动会（亚冬会）、亚洲青年运动会（亚青会）、亚洲残疾人运动会（亚残会）、亚洲大学生运动会（亚大会）、亚洲沙滩运动会（亚沙会）、亚洲室内与武道运动会（亚室武会）等。

2010年广州亚运会总共设有42大项比赛项目，合计476小项，成为亚运会历史上比赛项目最多的一届。所有比赛项目中除28项奥运会比赛项目，还有14项非奥运会项目，其中包括新增的武术、龙舟、围棋、藤球、板球等多个中国传统项目。

2010年广州亚运会有多项内容入选了中国世界纪录协会亚运会之最，甚至是世界之最。前面提到的比赛项目数量就是一项亚运会之最，同时因为比赛项目多，所以金牌数量也成为历届亚运会之最；广州亚运会还是历史上规模最大的一次，参与人数达到了近万人，赛事的规模甚至能够和2008年北京奥运会相当。

另外，广州亚运会是历史上赞助金额最多的亚运会，赞助企业达52家，包括7家高级合作伙伴、6家合作伙伴、5家赞助商和34家供应商，提供的赞助内容涉及多个层面，为广州亚运会提供了全方位的技术、产品、服务的支撑。比如，广汽集团是广州亚运会首家高级合作伙伴，其出资6亿元赞助广州亚运会，为亚组委和消费者提供了自主研发和优质环保的汽车产品。

广州亚运会包括82个体育场馆，其中有新建的12个场馆、改建扩建的70个场馆，分别是1个开闭幕式专业场馆、56个比赛场馆和25个训练场馆，同时建成了占地2.73平方公里的亚运城，其内拥有运动员村、媒体村、技术官员村、国际广播中心（IBC）和主媒体中心（MPC）等。

广州亚运会的成功举办，与广州自身所拥有的成功办亚条件息息相关。首先，广州拥有极为雄厚的经济实力，2006年广州的GDP值达6000亿以上，人均GDP超过了1万美元；其次，广州拥有一大批现代化体育场地设施和极为成熟的体育产业，同时群众体育的发展状况良好，具有极为突出的竞技体育成绩，为亚运会的成功举办奠定了体育基础；再次，广州的社会局面和谐稳定，且城市产业结构极为合理，旅游业兴盛、交通运输业发达、餐饮业遍布，能够为亚运会的参与者提供舒适便捷的服务；最后，广州所处岭南，具有极为悠久且多样的文化底蕴，从而能够为广州亚运会添加别具一格的文化色彩。

二、2010年广州亚运会媒体转播权交易情况

（一）2010年广州亚运会赛事转播权的开发

2010年广州亚运会赛事转播权的开发主要包括四个方面的内容，即新闻报道权、节目集锦权、赛事电视直播权、赛事录像转播权等。其中新闻报道权指的是相关的赛事新闻若使用亚运会的竞赛画面三分钟以上，就必须购买新闻报道权；节目集锦权指的是以竞赛为主体的版块节目，竞赛画面的集锦超过十五分钟就需要购买节目集锦权；赛事电视直播权和赛事录像转播权主要指的是各种要直播广州亚运会赛事或对赛事进行录制的电台，就需要购买此两项权利。

除以上几项赛事转播权的开发之外，广州亚运会组委会还将网络转播赛事作为转播权开发的一部分内容提了出来。2009年5月20日，中央电视台与广州亚运会组委会签署了协议，央视网正式成为2010年广州亚运会中国大陆地区唯一一家新媒体持权转播机构；2009年6月30日，央视网亚运会专题网站赛前版正式上线，这意味着作为第十六届亚运会方的互联网和移动平台转播机构，对亚运会的转播和报道工作正式启动。

广州亚运会组委会于2008年12月31日设立了广州亚运会广播电视主播机构——广州亚运会转播有限公司（Guangzhou Asian Games Broadcasting Co., Ltd., 简称GAB），目的就是严格按照亚洲奥林匹克理事会对亚运会广播电视机构的要求，即亚运会的广播信号制作和管理必须由独立主播机构完成的宗旨，统一对广州亚运会的转播进行负责。

广州亚运会组委会规定，拥有电视转播权的转播商可以在设立的国际转

播中心建立各自的演播室,并享有主电视转播机提供的基本电视信号,允许各转播商在现场制作节目,而关于国际转播商,本国运动员的采访也可以进行单边采访。

(二) 2010年广州亚运会媒体转播权交易分析

2010年广州亚运会的媒体转播权主要分为两项内容,一项是电视转播权,另一项是新媒体转播权。

2010年广州亚运会的电视转播超过了以往任何一届亚运会的规模和服务水平,其中有四个地区媒体成为电视转播权持权转播商,分别是中国内地、中国香港、韩国和朝鲜、中东地区。四个地区媒体所缴纳的电视转播权交易费用超过了2006年的多哈亚运会。

同时,广州亚运会电视转播的视频制作标准更高,主要有标清和高清两种,音频采用了立体声制作,会同时向上述四个持权转播地区提供超过2500小时的转播信号,转播视频的制作团队有49支,其中包括国际团队和2008年北京奥运会的电视转播制作团队。

2010年,网络转播成了广州亚运会传播的一种重要形式,根据2010年中国互联网络信息中心(CNNIC)发布的《第27次中国互联网络发展状况统计报告》,截至2010年12月底,中国网民规模已经达到4.57亿,其中手机网民规模达到了3.03亿,均较2009年网民规模提高了7000万人左右。

为了发挥出网络媒体的传播优势,广州亚运会以其官网为平台,综合数字电视和手机媒体平台,为全国和世界民众传播了全方位的亚运会信息。2010年广州亚运会授予了中国新浪、网易、腾讯、搜狐四大门户网站对应的网络转播权,不仅使广州亚运会的赛事信息得到了更加广泛的传播,也为受众群体提供了更多的选择权,使信息传播渠道更加多元化。

可以说,随着互联网技术的发展和网络媒体的快速完善,2010年广州亚运会的媒体转播已经从传统的电视媒体逐渐扩展到了全媒体,包括网络媒体、手机媒体和网络电视媒体,其不仅推动了新旧媒体的融合发展,更推动了新媒体在体育赛事媒体转播方面的应用更快发展。

第三节　我国单项国际体育赛事媒体转播权交易分析

一、中国网球公开赛媒体转播权交易情况

(一) 中国网球公开赛背景分析

中国网球公开赛（China Open）始创于2004年，每年一届定期在北京举办。该赛事同时拥有国际男子职业网球协会（ATP）、国际女子职业网球协会（WTA）和国际网球联合会（ITF）三大国际网球组织的赛事举办权，在全世界范围内拥有广大的体育赛事受众群体。2004年为中国网球公开赛赛事元年，其最初为国际男子职业网球协会（ATP）、国际女子职业网球协会（WTA）的二级巡回赛；2009年，中国网球公开赛全面升级，其中女子赛事升级为WTA皇冠明珠赛（仅次于四大满贯赛事，全球仅4站）、男子赛事升级为ATP500赛（仅次于四大满贯赛事、ATP1000赛事，全球11站），同期还举行ITF青少年赛。经过近20年的发展，中国网球公开赛作为国内唯一的男女合赛赛事，已经成了亚洲级别最高、奖金最多、参赛人数最大、影响力最广的男女综合性网球赛事。

(二) 中国网球公开赛转播权交易

中国网球公开赛在近二十年的全媒体传播过程中运用整合营销理念，将各类型媒体资源充分整合，形成资源共享的全媒体平台，并注重发挥各类型媒体的特性，取得了较好的效果。中国网球公开赛公司通过开通官方微信公众平台，并与官方网站、官方微博联合进行原创的赛事报道；通过电视媒体转播权交易授权中国中央电视台五套和北京电视台体育频道进行电视赛事直播；通过网络媒体转播权交易，授权新浪体育、爱奇艺进行互联网特权转播，并与北京青年报、法治晚报、中国新闻周刊、网球大师杂志等传统媒体进行战略推广合作。

广告和新闻报道是中国网球公开赛全媒体传播的主要内容。中国网球公开赛门户网站的合作媒体中包括国内门户网站和境外门户网站两类，其中国内门户网站主要涉及广告投放和新闻报道，境外门户只进行新闻报道。广告投放的合作形式包括通栏广告、流媒体广告、视频后贴广告、社区专版。赛

事长期合作的门户网站包括新浪网、百度、腾讯网、华奥星空、爱奇艺等。2014年针对赛事球员公布开赛等重点新闻，腾讯特别使用了QQ弹屏进行报道，是赛事史上首次使用该方式进行宣传报道的媒体，之后腾讯和奇虎360在赛事核心宣传阶段多次使用该形式进行品牌推广。境外合作网站包括路透社、美联社、体育画报网络版等国际媒体全程跟踪报道中网动向，深度挖掘赛事相关内容，进一步扩大赛事的国际影响力。

二、2018国际马联场地障碍世界杯中国联赛媒体转播权交易情况

（一）国际马联场地障碍世界杯中国联赛背景分析

国际马联（FEI）场地障碍世界杯，简称马术世界杯，是由国际马术联合会主办，各国家及地区马术协会承办的跨年度马术场地障碍赛，全球拥有16个分赛区，是目前世界上级别最高、难度最大、参赛人数最多的单项马术官方赛事。每年由各个赛区举办资格赛选拔顶级骑手和马匹晋级全球总决赛，然后共同角逐该项系列顶级五星级赛事桂冠。

2012年，马术世界杯中国联赛首次引入了赛事全程直播与录播相结合的宣传理念，中央电视台CCTV-5、PPTV、优酷等电视媒体与网络媒体同步宣传，有效地将马术爱好者关注马术运动的通道打开，促进了更多人了解马术赛事、马术文化和马术运动。

2013年，北京朝阳公园作为当时亚洲最大的城市公园，首次与马术世界杯中国联赛合作。

2014年，赛事落户北京朝阳公园，近20 000平方米的永久性马术竞赛场地成了未来十年马术运动的独享场地，是北京四环内唯一的马术赛事观赛地，不仅有助于拉近马术运动与城市中心的距离，还有利于人们对赛事和马术文化的持续关注和传播。

2015年，赛事建立了覆盖电视、视频、平面、网络、新媒体等全媒体立体平台，可以第一时间与合作媒体、赞助商、马术爱好者进行实时互动，在CCTV-5的播出时长达325分钟，全年收视人数达470万人，创下了当年马术赛事历史收视率新高。

（二）2018国际马联场地障碍世界杯中国联赛转播权交易

2018国际马联（FEI）场地障碍世界杯通过赛事转播权交易的途径，授予CCTV-5、BTV卫视、新华社、人民日报、中国体育报、人民网、新华

网等权威媒体赛事媒体转播权，并对赛事发布会、举办日期等赛事进行多频次报道；通过新浪、腾讯、网易、搜狐等主流媒体，以图、文、视频、赛事专题等多种形式多角度呈现赛事报道内容，并在优质广告资源版位进行推荐，其中在网易体育建立了马术世界杯赛事专题，并在体育首页核心广告版位给予专题入口并体现赞助商元素。通过马术杂志对赛事进行整体梳理总结，对骑手、赛事、马匹进行专业标准及量化分析，为未来的赛事提供较为系统的参考依据，并且对赛事举办进行肯定。其中CCTV-5作为权威的体育官方电视频道，在2018年10月7日对马术世界杯总决赛进行了直播，并于2018年10月17日对其进行重播。据往年的统计，每届马术世界杯在CCTV-5上的全年播出时长超过300分钟，多年来累计收视人数过亿。这些主流权威媒体在一定程度上代表了赛事在行业内的影响力。

本次赛事媒体转播过程中主要通过各新媒体的受众定位进行精准传播，着重突出新媒体的传播力度。通过搜狐新闻客户端、搜狐体育官方微信、网易手机客户端、新浪微博、中国马术在线官方微信、环中马术网官方微信对赛事全程进行全方位地密集报道。通过马术世界杯官方微信公众号、官方微博等自媒体平台进行前期活动推广，并通过自媒体平台推出摄影大赛评选、优雅女士评选、现场微直播、实时成绩查询等活动，可以让骑手、观众第一时间与亲友、马术爱好者、赛事组委会进行互动，以达到更好的宣传效果。

综上所述，本次赛事通过媒体转播权交易，实现了主流权威媒体优质资源推广、专业视频媒体全覆盖、新媒体精准受众传播的大幅撒网，集中投放的媒体推广策略体现了马术世界杯赛事在行业的权威性和专业性，不仅提高了赛事在专业领域和马术爱好者心中的价值和影响力，更是通过全媒体推广方式让更多人认识、了解马术世界杯并参与到马术运动和赛事中去，提高赛事影响力和群众参与马术的积极性。

第七章　我国体育赛事媒体转播权交易机制研究

就当前我国体育赛事媒体转播权交易的基本现状，以及影响该现状产生的主要原因而言，其根本在于目前我国体育赛事媒体转播权交易机制的健全性还需要进一步提升，由此才能确保在数字化时代背景下打造出我国体育赛事全媒体转播权交易理想环境。对此，在本章的研究与观点阐述过程中，笔者就围绕我国体育赛事媒体转播权交易机制构建的主要条件进行分析，以此力求能够为我国体育赛事全媒体转播权交易打造出理想的环境提供重要的理论支撑条件。

第一节 有效打破我国传统体育赛事媒体转播权的垄断

"反垄断"一直都是营造公平竞争环境的核心环节，实现反垄断也意味着在行业内部或市场大环境之下，每个企业、团体、组织、个人都能实现公平获得利益的机会，并且自身的利益能够得到强有力的保护。因此，在数字化环境下，我国体育赛事全媒体转播权交易机制的构建中，必须将有效打破我国传统体育赛事媒体转播权的垄断作为基础，而要将其转化为现实，笔者认为需要从三方面入手。

一、反垄断法规要跟随时代的发展不断加以完善

反垄断法规的制定、出台、不断优化是确保行业内部实现公平竞争的重要外在保证，其原因在于反垄断法规具有较强的约束性，同时具有极为突出的法律强制力，故而能够为实现利益分配的均衡性提供法律层面的保障。对此，在有效打破我国传统体育赛事媒体转播权的垄断现象中，必须要将反垄断法规跟上时代的发展并不断加以完善放在第一位，而这也是我国体育赛事媒体转播权交易机制构建的首要环节。

（一）体育赛事媒体转播权的归属应作为反垄断法规的基础

体育赛事媒体转播权的归属问题是否高度明确，是决定体育赛事转播收益获得合法化的根本所在，也是有效避免赛事转播权利掌控在某一媒体或某些媒体之中，造成媒体平台之间的收益难以保证高度平均，进而形成非法交易的根本所在。针对于此，在当今数字化大环境下，我国体育赛事全媒体转播权交易机制要突破传统，有效打破传统体育赛事媒体转播权的垄断，就必

须在转播权归属问题上进行明确规定，这无疑是当今时代大环境下反垄断法规制定的基础所在，更是全面确保我国体育赛事全媒体转播权交易有秩序地进行最为根本的保障条件。

（二）《中华人民共和国反垄断法》要作为我国有效约束体育赛事媒体传播全垄断的根本法律

《中华人民共和国反垄断法》是我国各个领域实施反垄断行为的根本法律，所以在有效打破我国传统体育赛事媒体转播权垄断的道路中，要将其视为实现反垄断的法律基础。其中，《中华人民共和国体育法》中的相关法律规定不能与之形成矛盾，要作为《中华人民共和国反垄断法》关于约束体育赛事媒体传播全垄断行为的重要法律补充，以及内容的细化，进而确保体育赛事转播权的反垄断规制更为系统，确保我国各项体育赛事的稳定发展，全力保障我国体育赛事媒体转播权交易的大环境始终处于理想化状态。

（三）在政策层面要促进反垄断法规的执行

在明确数字化大环境下我国体育赛事全媒体转播权归属，并完善其反垄断法规的基础上，随之要强调反垄断法规的大力执行，确保法规本身能够落到实处，发挥其净化媒体转播交易环境的作用与职能。在此期间，出台相关的政策毋庸置疑是当务之急，如《关于加快发展体育产业促进体育消费的若干意见》①，就针对"放宽赛事转播权限制"做出了明确规定，让反垄断法规的执行能够拥有较为强力的政策支撑条件。其中，政策应涵盖两个层面：第一，要突出重点支持多样化媒体平台转播国内外顶级体育赛事；第二，要围绕《国务院关于发布政府核准的投资项目目录（2016年本）的通知》相关内容②，针对多样化媒体平台转播进行有效鼓励和合理限制。以此为契机，针对违反《中华人民共和国反垄断法》和以上两项要求的一切行为进行严厉惩处。

二、该领域的收益分配制度应做出系统化完善

分配制度是否始终保持科学合理，是确保各领域经济发展态势的必要条件之一，特别是在数字化环境下，我国体育事业已经取得了长足发展，正在

---

① 国务院.国务院关于加快发展体育产业促进体育消费的若干意见[J].辽宁省人民政府公报，2014（20）：8.

② 佚名.国务院印发《政府核准的投资项目目录（2016年本）》[J].紫光阁，2017（1）：5.

向"体育强国"的方向阔步前行。体育赛事全媒体转播权交易总额在最近几年始终处于不断攀升的态势，更要将收益分配制度不断进行系统化完善，由此才能有效打破我国传统体育赛事媒体转播权的垄断现象，使我国体育赛事转播权交易市场始终保持良性发展状态，让更多的转播媒体平台能够在社会发展大环境中获得红利，为我国体育事业又好又快地发展提供有力保证。在这里，笔者从两方面加以分析与论证。

（一）收益分配制度系统化完善的必要性

体育赛事转播权交易金额之所以长期居高不下，最根本的原因就是转播期间的收益极为可观，诸多转播媒体平台希望能够通过各种渠道从中分得一块"蛋糕"。虽然"蛋糕"很大，但是在这样的市场大环境下，很难做到将"蛋糕"进行均匀分配，由此就会导致传统体育赛事媒体转播权垄断现象的长时间保持。对此，要改变这一现状，就必须高度重视该领域收益分配制度的系统化完善，而这也是收益分配制度系统化完善的必要性所在，具体操作包括两个方面：第一，要借鉴国外成功的体育赛事运营模式，做到社会环境与赛事本身之间能够形成相互调查与比较，找到体育赛事转播权收益分配制度有效制定的基本原则。第二，立足体育赛事的市场化改革，明确利益相关参与者与协会要共同作为转播权收益分配的主体。

（二）收益分配制度系统化完善的实践方案

通过上文的论述，可以看出在有效打破我国传统体育赛事媒体转播权垄断的道路中，制定出行之有效的收益分配制度的重要性以及关键点所在。那么，在实践过程中的具体操作显然要围绕两个关键点来进行，由此才能确保我国传统体育赛事媒体转播权垄断现象的进一步打破。

具体实践方案体现在两个方面：一方面在于参考国外成功赛事的举办，以及社会需求的大环境，有效进行深入调查与分析，找出收益分配均衡性的影响因素所在，进而有效借鉴其成功经验，如英超联赛运营过程等。另一方面在于要将收益分配的主体进行科学划分，由于我国体育比赛市场化运营道路中，很多体育赛事经营模式已经实现了面向市场化发展的新格局，与国外体育赛事运营模式之间存在诸多共同点，在借鉴其他国家成功经验的同时，还要结合我国现实情况，不仅要明确赛事转播权收益分配，将利益相关者作为主体，更要将体育协会作为利益分配的又一主体，由此在确保体育联赛实现可持续发展的同时，为有效打破传统体育赛事媒体转播权的垄断提供有力

三、该领域的市场行为应实现高度的规范化

市场行为的高度规范化是市场经济始终保持又好又快发展态势的关键条件之一。面对数字化环境下我国已经迎来的体育赛事全媒体转播权交易市场发展新局面，实现传统体育赛事媒体转播权的垄断这一目标，更要将高度规范的市场行为放在重要位置，其间，最为有效的操作主要体现在三个方面，如图 7-1 所示。

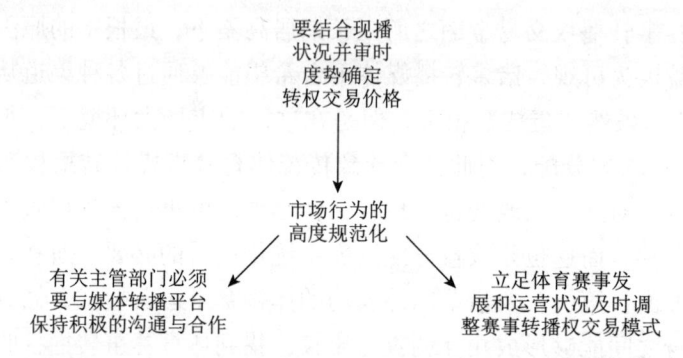

```
            要结合现播
            状况并审时
            度势确定
            转权交易价格
                  ↓
            市场行为的
            高度规范化
           ↙            ↘
  有关主管部门必须        立足体育赛事发
  要与媒体转播平台        展和运营状况及时调
  保持积极的沟通与合作    整赛事转播权交易模式
```

图 7-1 我国未来体育赛事版权交易市场行为实现规范化的要素

（一）结合媒体转播平台购买能力准确定位体育赛事媒体转播权价格

随着社会的发展，不仅我国广大群众对于体育赛事的需求程度不断提高，全球范围内的民众在体育赛事方面都有很高的需求，因而导致体育赛事媒体转播权交易价格居高不下，甚至很多体育赛事转播权价格已经超出了人们的想象。在这种体育赛事转播权交易大环境下，必然会导致很多媒体平台望而却步，没有顶级赛事转播全线更会造成该媒体平台难以长时间运作下去，进而对我国新媒体产业又好又快地发展造成严重冲击。针对于此，在有效打破我国传统体育赛事媒体转播权的垄断道路中，要实现我国体育赛事媒体转播权交易机制的高度完善，就必须将市场行为的高度规范化放在重要位置，而结合媒体转播平台购买能力准确定位体育赛事媒体转播权价格，显然是最为有力的抓手所在，也是避免体育赛事转播权交易只局限于某一媒体平台或部分媒体平台手中的"利器"之一。

（二）体育主管部门要积极寻求与媒体转播平台的沟通与合作

"举国体制"成就了我国体育事业的飞速发展，特别是在2008年之后，我国体育事业发展达到了新的高峰，再到2019年"体育强国梦"的提出，标志着我国体育事业进入新的历史时期，体育竞技的全面发展开启了时代新篇章。在该时代背景之下，体育赛事转播权交易市场也迎来了前所未有的发展机遇。立足该时代背景，我国体育赛事转播权交易打破传统体育赛事转播权市场垄断必须要有另外一记重拳，即体育主馆部门要与多样化媒体转播平台之间形成保持规范化的沟通与合作。切实做到该领域市场行为实现高度的规范化。具体表现在两个方面：第一，引领媒体转播平台内部进行有效改革；第二，与媒体转播平台沟通合作，调整媒体转播平台对其赛事的转播事宜。这两项举措无疑会确保带动即将濒临倒闭的转播媒体，以及体育赛事盈利的最大化，并且为繁荣我国体育经济发展提供重要的保障力和推动力。

（三）立足体育赛事运行的实际情况有效进行转播权的调整

在数字化环境下我国体育赛事全媒体转播权交易机制的构建与运行中，要打破我国传统体育赛事媒体转播权的垄断，实现市场教育行为的高度规范化，还要深刻意识到体育主管部门与各转播媒体平台之间，在转播权交易过程中应该保持高度的自主化，由此才可确保双方始终保持公平而又主动的交易状态，用多种付款方式让多种转播媒体平台能够走向专业化的体育赛事媒体转播之路。在这里，体育主管部门和各类转播媒体平台之间要做到立足体育赛事运行的具体情况，充分结合转播媒体自身所具备的条件，寻求转播权交易的可行性。同时，体育主管部门要为其普遍提供便利条件，确保转播媒体平台拥有平等的体育赛事转播权交易机会，以此来实现我国体育赛事媒体转播权交易市场始终处于良性发展的状态，不断扩大其市场规模。

综合本节所论述的观点可以看出，我国在突破传统体育赛事媒体转播权垄断的路上还有很长的路要走，其间不仅要在法律法规上加以高度的完善，同时还要在收益分配上进行硬性的权衡，更要在市场行为上加以严格规范，由此才可为打造我国体育赛事媒体转播权交易机制夯实基础，进而能够促成各传播平台体育赛事转播权的合法竞争，而这也是本章下一小节所要研究与分析的观点所在。

第二节　鼓励各种体育赛事转播平台开展体育赛事媒体转播权的合法竞争

在数字化环境下，全媒体化发展已经成为我国转播权交易市场发展的新动态，打造我国体育赛事媒体转播权交易机制的道路中，不仅需要做到有效打破我国传统体育赛事媒体转播权的垄断，为体育赛事转播市场创造一个较为理想的发展环境，更重要的是要营造出转播平台开展体育赛事媒体转播权的合法竞争的新局面，其间鼓励各种体育赛事转播平台之间形成体育赛事媒体转播权的合法竞争，就成为极为重要的一环，在本节的探索与研究过程中，笔者就针对这一方面进行观点的阐述。

一、主管部门的赛事转播权交易记录公开透明是基础

"合法竞争"向人们传递着一条极为直观的信息，即在行业内部存在的竞争关系必须高度合法化。然而要真正将其实现，却需要有充足的基础条件作为支撑，就是"公平""公正""公开""透明"。鼓励各种体育赛事转播平台在开展体育赛事媒体转播权的合法竞争过程中，也要将其作为基础，这一责任显然落在主管部门肩上，具体的操作应该体现在以下三个方面。

（一）赛事转播权交易记录中的公平与公正性

"公平""公正""公开"是各个行业内部实现良性竞争必不可少的条件之一，前两者则是基础中的基础、关键中的关键。所谓的"公平性"，顾名思义就是保持公正的态度，不偏倚任何一方，将客观的事实摆在人们面前，让公众对某一活动发展的过程与结果进行评判。所谓的"公正性"，是指所有参与个体都能遵守行业规则并履行各自的职责，以更加直观的方式去展现某一集体活动的过程与结果，并做出客观的评价与建议。在数字化环境背景下的全媒体转播权交易过程中，交易的总体流程和结果较为复杂，主管部门偏倚任何一方都会造成媒体转播权交易垄断行为的出现，因此鼓励各种体育赛事转播平台开展体育赛事媒体转播权的合法竞争过程中，主管部门公开赛事转播权交易记录，并且以公正的视角要求各媒体平台在交易权转播过程中履行各自的职责，遵守市场内部的规则，履行好各自的义务，并且做出客观的评价和提出合理的意见与建议。

（二）赛事转播权交易记录的公开性

公开性是指每个公民在日常工作与生活中，都有了解社会发展现状和未来发展大趋势的权利，有关政府部门通过各种途径或手段让公民能够行使这一权利，就是公开性的具体表现，是社会发展更趋于和谐稳定的必然条件所在。针对数字化环境下我国体育赛事全媒体转播权交易活动过程，要想切实维护市场发展大环境的稳定性，必然要强调赛事转播权交易记录的公开性，由此方能为鼓励各种体育赛事转播平台开展体育赛事媒体转播权合法竞争提供有利的基础条件，更为让我国体育赛事媒体转播权交易机制的构建与运行更加趋于理想化夯实基础，故而必须将其视为鼓励各种体育赛事转播平台开展体育赛事媒体转播权合法竞争的根本原则。

（三）赛事转播权交易记录的透明性

体育赛事转播权交易记录指的就是达成转播权限交易过程中所进行的相关文字资料记载，其中包括体育赛事转播权交易的具体金额、流程、权限使用方案，以及交易双方所要履行的责任与义务，确保主管部门在审计工作中能够拥有更为客观的依据。该交易记录的透明性主要体现在这些文字资料记载清晰地呈现在行业内部之中，交易后所能获得的收益、产生的正面影响、进行了哪些操作流程呈现在行业内部之中，力保为净化体育赛事转播权交易市场提供最为直接的说明，也让行业内部参与体育赛事转播权交易拥有客观认知，决策与参与过程更加谨慎，这无疑是各种体育赛事转播平台参与体育赛事媒体转播权合法竞争必须具备的基础条件。

二、著作权的高度清晰化应作为关键中的关键

伴随我国网络信息技术的飞速发展，以及体育事业发展进程的不断加快，人们关于体育赛事的需求程度越来越高，体育赛事转播交易市场日渐繁荣，并且发展步伐也在不断加快。面对这一局面，我国为了更好地规范体育赛事转播权交易市场并打造出趋于理想化的交易大环境，进而提出了体育赛事的著作权，并对其做出了明确规定。这显然为当今时代背景下，我国体育赛事转播权交易更加趋于规范化与合理化，并最终形成各种体育赛事转播平台之间始终保持体育赛事媒体转播权合法竞争态势提供了有力支撑，故而应该将著作权的高度清晰化视为关键中的关键。

（一）全面加强赛事转播媒体平台的信息素养应放在第一位

结合当今时代发展的大环境与大背景可知，网络化发展已经达到了前所未有的新高度，信息传递与呈现的方式更是彰显出数字化与多样化两个新特征，人们选择、获取信息资源的途径更为丰富，由此全面提升广大公民的信息素养成为我国社会发展道路中的一项重要任务。面对当前时代发展的大环境与大背景，各个转播媒体平台作为体育赛事转播权交易市场中的一员，全面提高本平台的信息素养水平，也成为促进我国体育赛事转播权交易市场全面发展的一项重要举措，更是明确体育赛事著作权，并将其加以高度清晰化的有力支撑条件。该举措的实际操作主要体现在两个方面：第一，高度重视最终体育赛事信息的来源，并能明确体育赛事信息的归属权。第二，经过法律层面的许可，运用合法的手段获取和使用赛事信息。这两点无疑是实现体育赛事著作权高度清晰化的根本前提。

（二）向转播媒体平台高度明确体育赛事转播的权力性质

随着我国体育赛事转播权交易市场开放程度的不断提高，特别是在数字化环境下，体育赛事转播权交易市场已经呈现出全媒体化的大形势，转播权交易市场的开发程度达到了前所未有的高度，其管理显然也迎来了前所未有的挑战，能否战胜该挑战则直接决定未来转播权交易市场能否保持理想的运行状态。在这里，笔者认为，要想确保其市场运行能够保持高度的可持续性和又好又快的发展状态，让更多的体育赛事转播平台积极参与到合法竞争过程之中，必须做到向转播媒体平台高度明确体育赛事转播的权利性质，突出转播权交易究竟是指哪些权利的交易，交易双方应该享有哪些权利，同时还要履行怎样的职责与义务，由此方可为当今乃至未来体育赛事转播平台形成合法竞争的环境奠定坚实基础。

（三）清晰解释体育赛事媒体转播权演变与未来发展

体育赛事转播权由来已久，但并不是凭空出现的，而是随着我国科技信息产业和体育事业的飞速发展，为了更好地满足民众的广泛需求应运而生，是当今时代发展的必然产物。随着体育赛事媒体转播权的出现，为了更好地对其交易市场形成有效的管理，进而逐渐形成该领域的著作权。正是著作权的出现，让体育赛事媒体转播权的发展道路发生了改变。在著作权中，明确指出了体育赛事进行中，哪些资源属于原创资源，未经许可不得进行媒体转播；哪些资源并未划分至原创资源之中，媒体转播过程中可以将其进行转播。除此之外，还明确了具备怎样的转播条件的媒体转播平台经过法律授权之后可以将其进行转播。在转播过程中，需要注意哪些相关事项，如果与之相违背，会被认定为侵权行为，这也是体育赛事媒体转播权未来发展的主要方向，必须向广大转播媒体加以清晰解释。

三、有效化解典型报道与地域性转播之间的冲突应视为重中之重

在当前时代背景下，鼓励体育赛事转播平台之间有效开展体育赛事媒体转播权的合法竞争过程之中，不可忽视的一个方面就是如何化解典型报道与地域性转播之间的冲突。其原因在于我国典型体育报道出现相对较早，已经形成了先入为主的趋势，受众程度更是不言而喻。虽然具有地域色彩的网络传播媒体出现相对较晚，在一定程度上能够满足当今时代人们在了解体育赛事方面的切实需要，使得两者之间存在明显的竞争冲突，转播权交易市场的清晰化与明朗化显然很难得到充分保证。对此，在探索鼓励各种体育赛事转播平台、有效开展体育赛事媒体转播权合法竞争的道路中，笔者提出以下三个观点。

（一）广泛传递中国体育赛事典型报道的产生与变革之路

中国体育赛事报道出现相对较晚，其原因不言自明，就是因为在技术层面上受到一定的制约，使得体育赛事报道一经出现就引起国人高度关注，并且在社会上引起高度反响。特别是"女排五连冠"期间，体育赛事报道的作用达到了顶峰，更加坚定了民众的意识形态。伴随时代的发展，我国体育赛事典型报道的特征也呈现出了前所未有的发展态势，电视报道、网络报道、新媒体报道成为主要的路径，媒体转播权的归属也呈现出较为集中的特点。然而，在数字化环境之下，全媒体化已经成为当今媒体转播行业发展所呈现出的新态势，有效扩大体育赛事转播权交易范围，就成为满足当前时代媒体转播行业发展现状的重中之重，而这也正是鼓励各种体育赛事转播平台、有效开展体育赛事媒体转播权合法竞争的根本所在。

（二）清晰化阐述典型报道与地域性体育赛事转播存在的主要冲突

地域性体育赛事转播媒体的出现，显然让我国体育赛事转播行业拥有了"新势力"，其间最为明显的体现就是转播过程中所报道的内容更加全面，更加具有新颖性，能够满足媒体受众的"胃口"，进而呈现出了快速发展的

趋势。而典型体育赛事报道作为我国主流媒体转播的主要特征，更加强调能够引导受众范围内个体的主观意识，确保人们在观看体育赛事的过程中，能够以客观和公正的视角看待我国体育当下和未来的发展，因而在转播权方面的竞争中就会存在一定的矛盾和冲突，由此也会导致体育赛事转播权的竞争更加激烈，很多中小型媒体平台会不择手段地获取体育赛事转播权交易机会。而这恰恰是影响体育赛事转播平台转播权交易难以保持高度"公平性"的主要原因，也为有效化解典型报道与地域性转播之间的矛盾冲突提供了重要依据。

（三）提出并落实化解典型报道与地域性转播之间的冲突方案

我国体育赛事电视报道最早出现于20世纪80年代，电视报道的主要特征在于激昂慷慨、振奋人心、催人奋进，具有较强的典型性，而这样的报道风格也长时间作用于我国体育赛事电视转播行业发展之中。随着时代的发展，体育赛事转播媒体相继出现，体育赛事的报道风格更加具有多元化特征，进而开拓了我国体育赛事转播交易市场发展的格局，充分体现出了"地域性"的特点，而这也与"典型报道"风格之间形成了一定的矛盾，具有权威性的电视机网络转播媒体与网络中的中小转播媒体之间形成"分庭抗礼"之势，而在数字化环境下全媒体发展成为现实的今天，这一局面更为明显，有关主管部门要通过出台相关的制约性政策或法规，对其加以有效调节，这样更多的体育赛事媒体平台才能拥有更多的转播权竞争机会，从而打造出更为理想化的体育赛事媒体转播权竞争环境。

四、扬弃中的长期不懈坚守应作为有力保证

针对鼓励各种体育赛事转播平台开展体育赛事媒体转播权合法竞争的实施过程而言，提供强有力的保证自然是不可或缺的条件之一，甚至是当今时代大环境与大背景下，全面净化我国体育赛事转播权交易市场发展大环境强大的外在保障力。基于此，笔者认为扬弃中的长期不懈坚守应作为一项重要品质，具体实践过程应体现在以下三个方面。

（一）在原则范围内通过专业和个性化的运营获取赛事转播权

在本节的第一部分中，已经明确指出了鼓励各种体育赛事转播平台开展体育赛事媒体转播权合法竞争的过程中有关部门所要坚持的基本原则，然而有关主管部门将其原则有效实施显然并不够，还需要各个转播媒体平台要坚

持这些原则,让转播媒体平台的运营过程更加具有专业化和个性化特征,最终有资格参与到体育赛事媒体转播权的竞争行列之中。在此过程当中,专业化指的是运营的视角,个性化是运营的初衷,而所坚持的上述原则是运营的底线,这样体育赛事转播权的竞争过程势必会充分体现出合法化,转播权交易市场大环境也会呈现出高度法制的新局面。这无疑是实现鼓励各种体育赛事转播平台开展体育赛事媒体转播权合法竞争的有力保证。

(二)赛事内容的多角度开发应作为获得赛事转播权的主要思路

体育赛事转播媒体平台从长远发展的角度出发,实现可持续和又好又快发展目标的必然条件中,赛事内容是否新颖是一个决定性因素,但绝不是唯一的决定性因素,还有诸多与之相关的决定性因素应该提起高度重视。只有在正确意识形态之下进行赛事内容的深入挖掘,从中找出正能量所在,以此为契机来带动转播媒体平台的受众范围不断增大,才可确保其收益的长久化和最大化。而这也正是转播媒体平台有效履行社会责任的根本体现,同时是获得赛事转播权最为有效的方式和思路所在,所以在鼓励各种体育赛事转播平台开展体育赛事媒体转播权的合法竞争过程中,必须提起更高程度的重视,为净化我国体育赛事媒体转播权交易市场大环境提供有力保证。

(三)以人性化服务拓宽受众范围应作为获得媒体转播权的主要手段

体育赛事转播的目的不仅仅是对公众推广体育赛事,让更多的人去关注体育赛事和了解体育赛事,更重要的是能够引导公众客观认知体育赛事的发展与走势,带动人们参与相关体育活动的热情,进而转播媒体平台才能实现收益的最大化,并拥有行业内部较强的核心竞争力,获得体育赛事转播权的机会也会更为明显。对此,该路径应该作为各种体育赛事转播媒体平台获得赛事转播权的具体思路,同时是全面提升其合法竞争实力的根本保障,在打造我国体育赛事媒体转播权交易机制过程中应引起高度重视。

综合本节观点的阐述过程,能够深刻感受到在数字化环境下,我国体育赛事全媒体转播权交易机制构建过程中,切实做到鼓励各种体育赛事转播平台开展体育赛事媒体转播权的合法竞争是一项系统工程,虽然已经明确了实践过程中的重点,但依然还有很长的路要走,需要不断进行摸索和探究,由此方可让效果更加趋于理想化。其中,利用全媒体化发展构建更为开放的体育赛事转播权交易模式,就是此后实践的重点所在,而这也是在本章下一小节中笔者所要探索、分析、阐述的主要内容。

第三节　利用全媒体化发展构建更为开放的体育赛事转播权交易模式

所谓的"全媒体化"发展，指的就是以一切信息资源传播技术为主要手段，形成全版权运营模式。其间，实现媒体方式多样化，多种传播渠道并行，在最大程度上有效开发资源。在该背景之下，体育赛事转播权交易自然能够形成多种模式，而这也是我国体育赛事媒体转播权交易机制构建与发展的核心环节所在。在本节的阐述中，笔者就以此为立足点进行深入的探究与分析，阐明自身的观点，具体内容如图 7-2 所示。

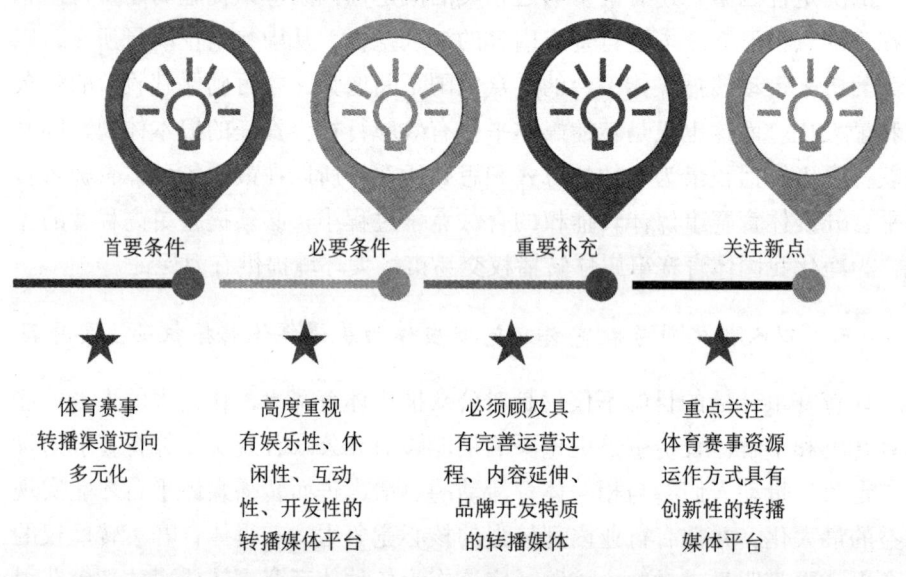

首要条件	必要条件	重要补充	关注新点
体育赛事转播渠道迈向多元化	高度重视有娱乐性、休闲性、互动性、开发性的转播媒体平台	必须顾及具有完善运营过程、内容延伸、品牌开发特质的转播媒体	重点关注体育赛事资源运作方式具有创新性的转播媒体平台

图 7-2　构建当今时代高度开放的体育赛事转播权交易模式的必要条件

结合图 7-2 所呈现出的必要条件，可以看出条件本身具有一定的系统性特征，任何一个条件的缺失，往往都会影响当今时代我国体育赛事转播权交易市场的可持续和又好又快地发展。针对于此，下面笔者就立足上述四个必要条件进行深入论述。

一、将体育赛事转播渠道的多元化放在首要位置

就时代发展的大形势和大趋势而言，"数字化"大环境成就了各行各业的飞速发展，让又好又快发展成为现实，"多元化"更是该时代环境的生动

体现。体育赛事转播交易模式显然要承接时代的东风，形成高度开放的、高度多元化的发展新局面。针对于此，有效利用全媒体化发展新格局，全面促进高度开放的体育赛事转播权交易模式，无疑成为体育赛事转播市场建设与发展的必然方向，体育赛事转播渠道的多元化势必要放在首位。具体操作中，笔者认为要将以下两点作为重心。

（一）对"小众化"的体育赛事转播渠道要提起高度重视

"数字化"时代大环境向人们传递着一条非常重要的信息，即电子信息时代进入了发展的新阶段，媒介传播的方式更加具有多样化特征，无数的信息传播媒体纷纷出现，为人们日常工作、生活、娱乐、休闲提供了更多的方式与平台。体育赛事转播显然也有了更多的媒体平台作为支撑，对我国体育赛事转播市场和职业体育全面发展起着强有力的推动作用。但是，在这一背景下，也对体育赛事转播权交易提出了严峻的挑战，"小众化"的体育赛制转播渠道极有可能被冷落，最终一蹶不振并消失在人们视野之中，这显然不利于体育赛事转播权交易朝向全面化发展，故而对"小众化"的体育赛事转播渠道必须加以高度重视，关注小众化资源的同时，对受众范围较小的转播平台也要引起高度重视，减轻受众范围较大的媒体转播平台体育赛事的转播压力，进而让体育赛事转播渠道的多元化更好地实现，为构建更为开放的体育赛事转播权交易模式增添一颗重要"砝码"。

（二）盈利渠道的多样化已经成为开放的体育赛事转播权交易模式构建的必然方向

在数字化环境下，"全媒体化发展"已经成为该时代环境的代名词，体育赛事转播的渠道根据之前的阐述必然会得到全面拓宽，进而也标志着小众转播媒体平台和小众体育资源基本补充进来，在这一背景下，意味着盈利渠道多样化会成为时代发展的必然。对此，在构建更为开放的体育赛事转播权交易模式中，必须强调盈利渠道的多样化发展，其间要增加"体育赛事＋旅游"等模块，确保体育赛事转播权交易的过程中，能够实现附带其他项目的交易，进而促进体育赛事、体育赛事转播、旅游等事业的全面发展，更为推动我国体育事业始终保持跨越式大发展姿态提供强有力支撑。

二、要为富有娱乐性、休闲性、互动性、开发性的转播媒体平台提供更多的转播权交易机会

在数字化时代大环境下，体育赛事转播权交易利用全媒体化发展格局，构建高度开放的交易新模式，自然是一项系统工程。其间，做到将体育赛事转播渠道的多元化放在首要位置基础上，还要强调针对交易对象进行合理的选择与扩充，让更多富有发展空间的转播媒体平台能够获得充分的转播权交易机会，这正是该交易模式构建的关键环节。笔者认为，富有娱乐性、休闲性、互动性、开发性的转播媒体平台应该得到高度关注，具体操作中应注重以下三个方面。

（一）体育赛事转播权交易活动开始前要明确其具体定位

从体育赛事转播权交易呈现全媒体化发展大趋势的根本去分析，不难发现体育赛事转播媒体本身普遍为商业机构，其目的都是使盈利的最大化，这时需要对其定位做出具体分析，定位模糊或定位不够准确的转播媒体平台显然不能迎合时代与社会的发展，因此不能作为体育赛事转播权交易的选择对象。在这里，笔者认为具有娱乐性、休闲性、互动性、开发性四个特点的媒体转播平台，应该作为体育赛事转播权交易的主要选择对象。其原因极为简单，就是这些转播媒体平台始终秉承创新发展的姿态，能够更好地顺应时代与社会发展的要求与需要，故而应为其提供更多的体育赛事转播权交易机会。

（二）减少网络平台赛事转播权的政策限制

截至目前，我国关于网络平台体育赛事转播的限制性政策并不多，已经为转播媒体平台的发展提供了趋于理想的生态化环境。但是随着时代发展速度的不断加快，"全媒体化发展"已经成为当今我国体育赛事转播市场发展道路所呈现的新局面，进一步减少网络平台赛事转播权的政策限制，则被视为利用全媒体化发展新局面构建开放程度更高、并且理想程度更为明显的体育赛事转播权交易模式的关键一环。其间，具体操作主要表现在两个方面：第一，具有宣传正确意识形态功能的相关政策要全面保留；第二，媒介特征和传播特征限制性政策要酌情保留。除了这两个方面限制性政策要予以保留之外，其他限制性政策应结合全媒体化发展的新要求适当整合与优化，力保富有娱乐性、休闲性、互动性、开发性的转播媒体平台在当今时代大环境下，能够获得更多的体育赛事转播权交易空间与机会。

（三）网络平台要以用户为导向

就体育赛事转播媒体运营的目的来看，追求盈利最大化无疑是其最为核心的目的，但是利益的长久化显然要比短时间内的利益最大化更为重要，其原因在于盈利的长久是体育赛事转播市场可持续发展的必然条件，故而在全媒体化发展背景下，构建更为开放的体育赛事转播权交易模式，必须要将确保盈利长久性视为重中之重。在这里，笔者认为，最核心的环节就是要了解用户的切实需求，进而才能确保体育赛事转播权交易市场所能够容纳的对象更为合理，因此以用户为导向的网络平台应作为体育赛事转播权交易的主要对象之一，这样才能让体育赛事转播权交易市场始终保持良性可持续发展状态成为现实。

三、兼具完善运营过程、内容延伸、品牌开发三个特质的转播平台优先享有体育赛事转播权

从体育赛事转播权交易市场发展角度而言，可持续和又好又快发展显然是根本追求，在将其转化成为现实的过程中，必须针对体育赛事转播权交易的转播媒体平台进行更加科学合理的选择。在前面的阐述过程中，笔者已经对娱乐性、休闲性、互动性、开发性转播媒体平台拥有转播权交易机会的主要原因进行了明确的阐述。单纯做到这一点显然并不够，还需要加以进一步的深化，由此才能更好地利用已经出现的全媒体化发展新局面，构建出更为开放的体育赛事转播权交易模式。至此，笔者认为兼具完善运营过程、内容延伸、品牌开发三个特质的转播平台应作为又一重点关注对象，具体操作应围绕以下三个方面开展。

（一）平台优化和页面维护及时的转播平台作为转播权交易必须关注的重点对象

就网络平台可持续发展的必要条件而言，平台优化和页面维护的及时性无疑是两项重要指标。其原因并不复杂，因为用户不可能过多关注内容信息较为陈旧并且平台界面较为混乱的网络平台，久而久之，这些网络平台会逐渐淡出用户和网络媒体行业的视野，网络平台的可持续发展更是无稽之谈。针对于此，在利用全媒体化发展构建更为开放的体育赛事转播权交易模式过程中，体育赛事转播权交易的对象必须具备较为完善的运营过程，确保受众的满意度能够不断提升，进而才能达到长久获利及盈利最大化的目标。具体

而言，就是将平台优化和页面维护及时的转播媒体平台纳入转播权交易对象选择范围之中。

（二）要对具有赛事内容衍生能力的转播平台引起高度重视

赛事内容的更新是体育赛事转播媒体平台的"生命线"，然而从全球体育赛事的运营过程来看，并非能够做到时时都有赛事情况更新，而体育赛事转播媒体平台如何才能做到时时都能有赛事信息的更新，就成为大众普遍关注的焦点。其间，很多体育赛事转播媒体平台很难将这一问题解决，进而消失在公众视野之中。对此，在利用全媒体化发展构建更为开放的体育赛事转播权交易模式的过程中，必须将具有赛事内容衍生能力的转播媒体平台作为重点关注对象，赋予其赛事转播权，让一系列与转播的体育赛事息息相关并且能够提升用户关注度的信息进入平台之中，让体育赛事转播市场拥有更为强劲的发展动力。这样显然能够促使我国体育事业繁荣发展，并且还能够推动体育经济始终保持又好又快的发展状态。

（三）对于能够发展品牌特色的转播平台应赋予一定的转播权交易空间

体育赛事转播媒体平台最为理想的发展状态就是能够呈现出自身特色，从而让可持续发展和又好又快发展成为现实。同时，这也是促使我国体育赛事转播权交易市场繁荣发展的一项重要举措，更是全面提高赛事转播媒体平台自身核心竞争力的必要条件之一。具体而言，赛事转播媒体平台可以设置自己的直播间，培养自己的赛事解说员，并且能够针对赛事的走势，以及赛场内外球员或者行业协会所产生的一些相关信息，有效进行具体的分析和判断，由此让广大用户能够更加了解体育赛事当前和未来的发展走势，进而提高用户对体育赛事转播媒体平台的关注度和满意度，这样转播媒体平台运营过程中的收益自然会得到充分的保证。而这些转播媒体平台显然应该具备更大的体育赛事转播权交易空间，这样能够促成我国体育赛事转播权交易市场的良性发展。对此，能够发展品牌特色的转播媒体平台应该优先享有体育赛事转播权，让构建更为开放的体育赛事转播权交易模式能够拥有更为理想的条件。

四、体育赛事转播资源运作方式具有创新性的转播平台拥有更多转播权交易机会

笔者在前面结合利用全媒体化发展构建更为开放的体育赛事转播权交易模式的必然要素，将赛事转播权交易的选择对象进行了进一步深化，但并不意味着转播权交易对象选择方法已经高度完善，还有较大的补充空间需要进行深入探索。下面笔者就以此为立足点进行深入阐述，即体育赛事转播资源运作方式具有创新性的转播平台应拥有更多转播权交易机会，希望能够为广大学者带来一定的启发，更希望能够为促进我国体育赛事转播权交易市场繁荣发展提供具有建设性的建议。

（一）将具有转播资源创新运营能力的转播平台视为关注对象之一

前面已经针对具有赛事内容衍生能力的转播平台进行了介绍，并且明确了为什么要将其作为转播交易权选择的主要对象之一，但赛事内容的衍生能力只是确保转播媒体平台可持续发展的必要条件，转播资源的创新显然是内容衍生能力的一种延伸，所以是确保转播媒体平台始终处于可持续和又好又快发展的又一重要保证。其间，不仅可以在转播模式上进行颠覆性的改变，还在赛事报道和信息处理方面进行深度加工，满足平台用户在体育赛事深度了解方面的各种需要，力求赛事转播过程能够与用户之间形成良好的互动性，赛事转播的全过程更具透明性，进而提高赛事转播的质量与影响力。这无疑是将其纳入体育赛事转播权交易对象的主要原因，也是利用全媒体化发展构建更为开放的体育赛事转播权交易模式的基础所在。

（二）处于"末尾部分"的转播平台不能一概忽视

毋庸置疑的一点是，每个行业不仅有标杆企业存在，也会有即将淡出行业视野的存在，各个企业也深知自己在行业内部所处于的位置，以及其他企业所处的高度。在通常的状态之下，人们关注最多的往往是行业内部排名靠前的企业，忽视的往往都是排名相对靠后的一些企业，认为排名靠前的企业无论是在运营模式上，还是经营理念上都会存在一定的先进性，而排名靠后的企业在这两个方面必然会存在明显的不足。但是在体育赛事转播权交易市场中，这一观点显然并非客观，很多处于"末尾部分"的转播媒体平台并非运营模式和经营理念存在欠缺，其缺少的往往是获得体育赛事转播权的机会。为此，在利用全媒体化发展构建更为开放的体育赛事转播权交易模式道

路中，应该对处于"末尾部分"的转播平台加以关注，由此让这些"名不见经传"的转播媒体平台获得更好的发展机会，进而为体育赛事转播权交易市场保持良性发展提供强大的动力。

（三）将具备原创内容二次推广能力的转播平台纳入体育赛事转播权交易对象之中

从转播媒体平台发展之道出发，内容的原创性无疑是平台运营效果保持最佳的根本，一味地走在别人后面，报道其他平台所报道过的内容，显然不能维持长久发展，故而要结合现有的体育赛事发展情况做出具体分析，并能为其将来的发展趋向做出准确判断，应该作为平台发展之道的根本。具备这一能力，并且能进行二次推广的转播媒体平台，显然具有较强的生命力。体育赛事转播权交易市场应重点加以关注，这是平台运行与发展的内核，赋予其转播交易权必然会促进行业内部的发展，能够促进行业内部之间形成更为良性的竞争，同时能为有效净化我国体育赛事转播权交易市场提供有力的支撑。

综合本节所论述的观点可以看出，在利用全媒体化发展、构建更为开放的体育赛事转播权交易模式过程中，不仅需要关注较多的重点，在具体操作方面还要做到高度的科学合理，由此方可达到构建该交易模式的目的。但是，做到以上几个方面还远远不够，还要在保障条件方面进行深入挖掘，由此才能确保该模式能够得到高质量的运行，进而形成一个较为完整的体育赛事媒体转播权交易机制，而这也是笔者在本章最后一节所要研究和阐述的内容。

第四节　提高知识产权保护水平，促进体育赛事版权交易发展

知识产权保护是维护经济发展成果，确保经济始终处于可持续和又好又快发展状态的重要保证。随着我国社会经济水平的不断提升，民众的物质生活需求已经得到了满足，精神生活的需求程度逐渐提高，观看体育赛事已经成为人们日常休闲娱乐的普遍选择，体育赛事版权交易总量也呈现出逐年快速增长的态势，打造体育赛事版权交易环境，成为全面加快我国社会经济发展，以及促进我国体育事业全面发展的重要抓手，更是强化我国体育赛事媒

体转播权交易机制的有力推手，其关注的内容主要体现在以下几个方面：

一、加速立法进程：提高知识产权保护水平促进体育赛事版权交易发展的前提

立法是执法行动和司法保护工作有效落实的根本前提，是打造理想发展环境的根本保证。所以，在提高知识产权保护水平，促进我国体育赛事版权交易发展的道路中，必须将加快立法进程放在首位，以此让我国体育赛事版权交易市场能够得到全面净化，拥有坚实的法律基础和保障，更让体育赛事版权交易发展有法可依、有规可循，其所要关注的重点如图7-3所示。

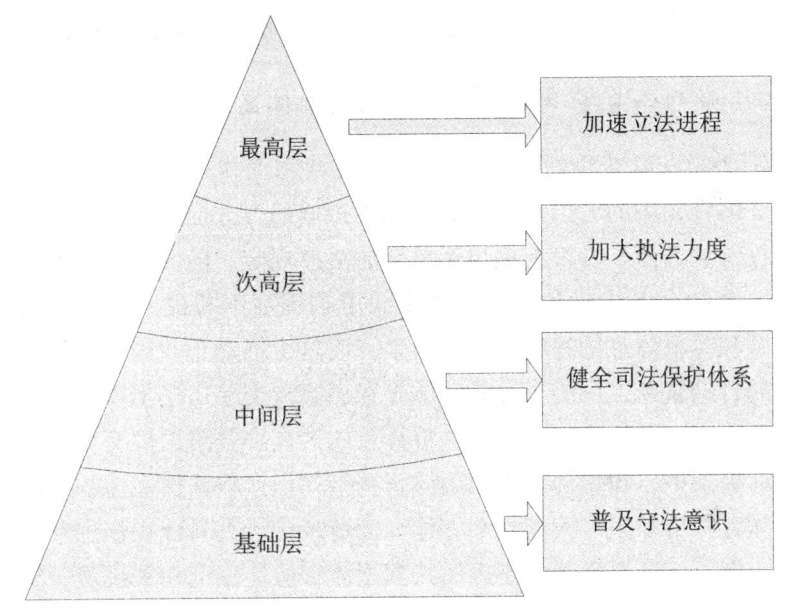

图7-3 促进体育赛事版权交易发展的关键性因素

在图7-3中，笔者已经指出通过提高知识产权保护水平，切实达到促进我国体育赛事版权交易发展的关键性因素所在，但是每一个关键性因素中还包含多个小点，需要对其进行解释，如此才能为我国体育赛事版权交易的发展提供较为理想的法律环境。下面笔者就立足四个关键性因素中所涉及的小点加以具体论述。

（一）实现体育赛事知识产权法律主体的高度明确

就体育赛事知识产权的保护工作而言，相关的主体纳入法律保护范围之内，可切实提高体育赛事知识产权的保护水平，同时能够彰显体育知识产权

的保护力度，在打击体育赛事各项侵权行为的道路上能够有法可依，体育赛事版权交易更是如此。其具体操作体现在两个方面：第一，要借鉴成功的经验事实，增强体育赛事知识产权保护的实效性。具体而言，就是结合一些国家所取得的成功经验，针对体育赛事版权，明确规定非赛事运营方禁止通过各种渠道进行转播，以此来提高体育赛事转播权保护的实效性。第二，根据体育赛事本身所具有的艺术价值和观赏性，明确体育赛事版权归属的指向性，提高版权交易的谨慎性。具体而言，由于具有艺术价值和观赏价值的体育赛事是运动员和教练员智慧的结晶，所以完全可以称之为著作权作品，在版权交易对象的选择上要有明确的指向，由此确保体育赛事本身所呈现出的艺术与观赏价值能够得到最大程度的认可，以免不法分子从中获得非法盈利。

（二）做到体育赛事知识产权的权利客体高度清晰

从法律的专属性角度出发，《中华人民共和国体育法》无疑是我国出台的第一部体育领域的专门法律，涉及体育领域的方方面面。但是在体育赛事知识产权保护方面，并没有做出系统性的法律规定。随着时代的发展与社会的进步，全社会不仅对各类顶级赛事的需求程度不断提升，更在获取相关赛事资源和赛事信息的途径上不断摸索，而这也推动了我国体育赛事版权交易市场的日趋繁荣，同时导致我国体育赛事版权交易市场出现了各种侵权行为。因此，全面加快该领域的立法进程就成为体育赛事版权交易发展道路中的必然前提条件，在做到高度明确体育赛事知识产权法律主体的基础上，还要强调体育赛事知识产权的权利客体高度清晰化。其具体操作主要体现在两个方面：第一，要根据《中华人民共和国体育法》中的相关规定，将体育赛事中的一切口号、标志、名称，以及赛会的会旗、会徽、转播权等纳入知识产权的保护范围。具体而言，在体育赛事媒体转播中，未经过法律授权禁止私自使用。第二，要将《奥林匹克宪章》中的相关内容作为重要参考，明确赛事转播权要作为体育赛事权利人的专属财产，由此将体育赛事作为一个较为复杂的权利客体，有效纳入相关法律法规之中。

（三）制定并出台完善的体育赛事知识产权法律法规

截至目前，已经成功举办过奥林匹克运动会的国家在奥林匹克知识产权保护工作中，都已经进行了专门立法，以求所涉及的知识产权能够得到强有力的法律保护。其中，美国、英国、澳大利亚等国家的立法级别更高，并且进行了多次修改。我国在 2008 年举办北京奥运会期间，虽然在知识产权保护方面已经制定并出台了相关的法律，但是立法级别还有较大的提升空间。在体育赛事版权保护方面，要针对特殊赛事管理等方面做出了专门立法，以求体育赛事版权交易能够在良好的氛围下进行，避免一切侵权行为的出现，为有效净化体育赛事版权交易市场提供重要的法律支撑条件。

二、加大执法力度：提高知识产权保护水平，促进体育赛事版权交易发展的保证

"有法必依，执法必严，违法必究"是执法部门工作的根本宗旨，也是全面加快我国法治化进程的根本保障。面对我国文化事业的飞速发展，体育赛事版权交易量的极速攀升，我党在全面提高知识产权保护水平方面的决心与信心不断增强，加大知识产权保护水平的执法力度势在必行，能够为促进我国体育赛事版权交易的发展提供强有力的保证。其具体操作主要体现在以下三个方面。

（一）找准前提条件：执法部门的高度清晰化

思考我国在体育赛事版权交易活动中的侵权现象略有"抬头之势"的根本原因，执法部门的清晰化有待提升，显然是一项重要因素，在日常工作中不免会出现执法主体重复、职责重叠、作用覆盖等现象。针对此，在加大体育赛事知识产权司法保护力度过程中，必须将执法部门的高度清晰化放在首位，这也是健全我国体育赛事知识产权司法保护体系根本中的根本。在此期间，要以《中华人民共和国专利法》《知识产权保护条例》等相关法律中的明确规定作为重要依托，明确让主管专利工作的部门作为我国体育赛事知识产权司法保护工作的执法主体。

（二）明确必然要求：能够及时发觉并有效打击体育赛事版权交易侵权行为

加大执法力度最为直接的表现在于执法效率得到全面提升，执法效率集中表现在能否将已经表现出的侵权行为，或者即将表现出的侵权行为及时发掘出来，并采取科学合理的手段进行司法保护，而这也是全面提升体育赛事知识产权司法保护执法力度的必然条件。在这里，笔者认为必须注意两个关键点：一是要根据版权交易市场现状制定并出台相关的法律法规，明确司法保护的具体内容和责任分工。二是赋予主管专利工作的部门绝对的执法权，让其能够履行裁决权和行政处罚权，进而使执法部门及时发觉并有效打击体育赛事版权交易的侵权行为。

（三）突出重要延伸：隐性侵权行为的打击力度不断提升

毋庸置疑，利益越大就会催生和助长意志力不坚定的人产生铤而走险的心理，而这一部分人往往更加喜欢游走于"法律的边缘"。随着我国社会经济水平的提升，人们对物质生活的需求已经不再是人们日常唯一的需求，精神层面的需求也越来越强烈，顶级体育赛事也随之受到越来越多的人青睐，人们也更加愿意从各种媒体平台获取相关的赛事资源，利益空间显然在当今时代已经得到了充分展现。特别是在全媒体融合的今天，意志不坚定的人或组织也会为了实现自己的利益最大化而游走于"法律的边缘"。针对于此，就需要执法部门能够深挖隐性侵权行为的具体表现，善于开展实地考察和洞察分析工作，一经发现，按照相关法律法规予以相应的惩处（如媒体平台转播体育赛事中发布违法隐性广告，一经核实，立即停播并予以相应的行政处罚等），为全面肃清我国体育赛事版权侵权行为，打造极为理想的体育赛事版权交易环境打下坚实基础。

三、健全司法保护体系：提高知识产权保护水平是促进体育赛事版权交易发展的屏障

知识产权司法保护体系的构建与完善，是我国治理体系和治理能力迈向现代化的重要象征，更关乎广大人民群众的生活质量。[①] 体育赛事版权作为我国知识产权的重要组成部分，司法保护体系的完善势必会促进我国体育赛事版权交易始终处于良好的环境，也是抵制侵权行为产生的有力屏障。而全面提高知识产权保护水平就成为关键中的关键，让体育赛事版权交易的发展拥有一道有力的屏障，其应注意的事项如图7-4所示。

图7-4 健全体育赛事版权交易司法保护体系的注意事项

[①] 唐静，顾正义，等.加强传统文化知识产权保护让非物质文化遗产焕发时代活力[J].人民司法.2021,（25）：6-7.

在图7-4中，笔者已经明确了当今时代促进我国体育赛事版权交易发展的重要保证就是知识产权司法保护，并且明确了该司法保护体系构建中的注意事项。然而，该注意事项在具体实施过程中应该如何加以有效落实，依然需要不断进行深入探索。接下来，笔者就立足以上三个注意事项，对其最为有效的操作进行阐述。

（一）明确隐性侵权的存在，提高对体育赛事知识产权司法保护的重视程度

在之前的几个章节中，笔者已经全面分析了体育赛事版权交易的总体现状，有效反映出了当今时代全球范围内群众在体育赛事方面的需求程度不断提升，体育赛事版权交易拥有极为可观的发展前景。正因如此，体育赛事版权交易中随之出现了多种多样的侵权行为。针对于此，在我国打造出一套健全性极高的司法保护体系就成为当务之急，提高体育赛事知识产权司法保护的力度显然要放在第一位，力求隐性侵权行为和现象能够得到避免。

1. 深刻认知体育赛事知识产权司法保护的时代意义

前面已经明确指出，在促进体育赛事版权交易发展的道路中，加速立法进程和加大执法力度的意义和作用所在，其目的就是要为体育赛事版权交易营造出一个极为理想的发展环境。但是在实际操作过程中，依然会存在诸多隐性侵权的行为，很难将其进行准确辨别，就必须借助司法保护这双"慧眼"，有效进行辨别，进而方可采取有效措施，将侵权行为加以有效抵制，从而为建设体育赛事版权交易良好的市场环境提供又一重要"砝码"。

2. 理清隐性侵权的性质和主要表现形式

就当前体育赛事版权交易中存在的隐性侵权案件而言，其性质体现在民事和刑事两个层面，也就是说，在体育赛事版权交易过程中，有的行为只体现在民事权利纠纷层面，但有的行为已经构成了刑事犯罪。其主要表现形式为在体育赛事转播过程中插播隐性广告等，损害了版权人切身的利益，对其进行有效的司法保护，这显然更加直接而又客观地说明了体育赛事知识产权司法保护的时代意义和价值。

3. 制订体育赛事知识产权司法保护的总体计划

早在2021年4月，最高人民法院已经在全国范围内下发了《人民法院知识产权司法保护规划（2021—2025年）》的通知①，明确指出知识产权司法保护与国家治理体系的建设与发展、治理能力的现代化发展、国家治理高质量发展之间存在密不可分的关系，体育赛事版权作为知识产权中的重要组成部分，所以制订体育赛事知识产权司法保护总体规划，就成为体育赛事版权交易理想环境构建中的当务之急。在这里，笔者认为总体规划应包括五个部分：第一，明确以习近平新时代中国特色社会主义思想为重要指导。第二，确定体育赛事知识产权司法保护全过程的基本原则。第三，制定出到2025年体育赛事知识产权司法保护工作的总体目标。第四，高度明确体育赛事知识产权司法保护的基本职能。第五，精准把握体育赛事知识产权司法保护审判领域改革创新的路径。

（二）立足国际成功经验，明确我国体育赛事媒体侵权行为的裁量标准

就当前国际范围内关于体育赛事媒体转播权交易司法保护工作的开展现状而言，一部分西方发达国家已经建立了一套具有完整性的司法保护体系，就体育赛事媒体侵权行为明确了相关的裁量标准，并且已经有成功案例能够为其司法实践起到重要的支撑作用。

我国应借鉴先进国家体育赛事版权交易司法保护体系经验，结合本国该领域发展的切实需要，并有效加以内化。具体操作应体现在三个方面。

1. 明确当前法律环境，为制定我国体育赛事媒体侵权行为裁量标准奠定基础

从司法保护全面开展的必然前提条件和目标出发，就是要依据有关法律法规，遵守对某一领域的专门保护原则，对某一领域提供具体的保护措施。其中，有效确立裁量标准，无疑是司法保护工作顺利开展的根本前提，而明确该领域的法律环境则是确立裁量标准的基础，也是司法保护体系最为重要的组成部分。体育赛事媒体知识产权保护更是如此，司法保护体系的健全性是由侵权行为裁量标准的完善程度来客观反映，而明确当前法律环境是首要条件。从当前我国所颁布的相关法律来看，2004年我国最高人民法院和最高人民检察院关于知识产权侵权问题，针对刑事案件具体应用法律若干问题做

---

① 最高人民法院关于印发《人民法院知识产权司法保护规划（2021—2025年）》的通知（八）加大对知识产权侵权行为惩治力度。

出了明确的解释，将侵害知识产权的定罪数额降低，这显然向体育赛事媒体侵权行为裁量标准的制定传递了极为明显的信号。在当今全球顶级体育赛事处于"井喷"态势的大背景下，为了更好地满足人们休闲娱乐的切实需要，不规范的媒体平台和经营组织会产生"宁可侵权也要转播顶级体育赛事"的心态，不惜铤而走险。对此，最高人民法院和最高人民检察院在2004年颁布的该项法律显然为有效制定我国体育赛事媒体侵权行为裁量标准奠定了坚实基础。

2. 结合国际现有相关经验，分析体育赛事知识产权侵权行为裁量标准的差异性

从知识产权保护现有的成功案例角度分析，我国当前在体育赛事知识产权的保护方面，不仅成功案例少之又少，而且成功案例的知名度也尚不明显，这充分说明当前我国在体育知识产权司法保护方面还有很长的路要走，还有很多的经验需要积累，如此方可确保体育赛事版权交易拥有较为理想的大环境。

3. 通过裁量标准差异性分析，细化体育赛事知识产权侵权行为的裁量标准

我国在对先进国家经验加以借鉴的同时，应结合国内各种媒体平台在转播行业发展的实际情况，对其进行微观层面的细化，具体包括几个方面：以转让过程中产生的费用、以体育赛事转播权使用过程中的收益、所获得的交易许可过程中产生的费用作为重要的标准，进而作为赔偿过程中的依据。另外，将体育赛事转播过程中利用产权人的各类标志、独家冠名产品、专属节目载体所获得的收益，以及在侵权过程造成产品减少的数量与产品的利润之积作为赔偿的重要标准；要将侵权人在实施侵权行为过程中所获得的税后全部收益作为侵权赔偿的标准，由此为我国体育赛事版权交易打造理想的环境。

（三）以"并不需要引起混淆"为前提，明确体育赛事版权侵权责任构成和归责原则

在这里，"混淆"通常指的是偷换概念，因为一旦体育赛事版权侵权责任构成的要素或者规则原则引起混淆，难免会被偷换概念，进而导致侵权责任划归的成效就难以得到有效彰显。针对于此，我国在提升体育赛事知识产

权保护水平过程中，必须围绕"并不需要引起混淆"这一基本前提，高度明确版权侵权责任的构成和归责原则。

1. 体育赛事版权侵权责任构成

就当前而言，学术界针对知识产权侵权行为的责任构成，存在的争论较为明显，争论程度最高的主要集中在行为违法性是否有必要作为责任构成的主要条件之一，并且与"过错"相互区别。在这里，笔者认为应该结合我国现有的相关法律进行分析，并且参照先进国家已经获得的成功经验，对其进行有效整合，由此方可明确体育赛事版权侵权的责任构成。在我国，《中华人民共和国民法通则》《中华人民共和国专利法》《中华人民共和国著作权法》《中华人民共和国商标法》①中，已经清晰而又具体地向人们说明知识产权领域只有行为体现出了违法性特征，才能被认定为需要承担侵权责任，但是又与行为存在主观过错之间存在极为明显的差异，前者是由权利人举证，后者则是由行为人举证。故此，体育赛事版权侵权责任的构成主要包括四个部分，分别为存在损害事实、出现违法行为、行为人存在主观过错、行为人的侵权行为和损害事实形成因果关系。

2. 体育赛事版权侵权行为归责原则

针对体育赛事版权侵权行为而言，归责原则的确定较为简单，主要体现在过错适用、过错认定、无过错责任三项原则。其中，过错认定原则只适用于侵权行为具有特殊性的情况，无过错责任原则的适用范围主要体现在行为人不需要体现出主观过错的条件，只需要存在前面所提到的体育赛事知识产权侵权中的三个责任构成条件，就需要对侵权人进行赔偿，让侵权人去承担体育赛事版权侵权行为举证责任，司法保护的成本也会因此得到最大程度的有效控制。

四、普及守法意识：提高知识产权保护水平，促进体育赛事版权交易发展的根本

立法、执法、司法保护是全面加强我国体育赛事知识产权保护最为有力的外在条件，而最为有力的内在条件就是全面普及广大民众和该行业从业者的守法意识，这显然是提高知识产权保护水平的基础条件，更是促进我国体

---

① 钱婷婷. 虚构形象商品化权的法律保护研究 [D]. 北京：北京外国语大学，2018：8-10.

育赛事版权交易发展的根本条件。其具体操作如图 7-5 所示。

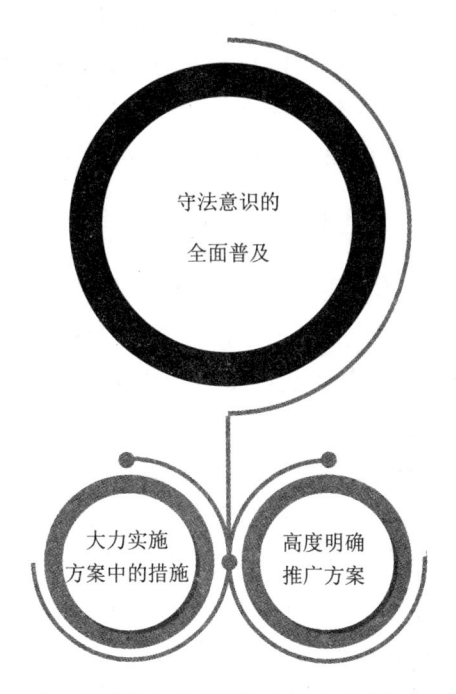

图 7-5　全面提升体育赛事版权交易守法意识的侧重点

结合图 7-5 所呈现出的两条重要信息,不难发现全面提升体育赛事版权交易守法意识的道路中,必须先要明确侧重点的主次,如此才能让其所具备的作用和价值得到充分体现。接下来的论述过程中,笔者就针对如何明确其推广方案,以及加大方案中措施的实施力度两个方面阐明自己的观点,具体如下。

(一)确立体育赛事知识产权保护推广方案

普及守法意识的最终目的极为明确,就是引导更多的人树立守法意识,该项活动显然是一项极为系统的工程,必须要有一套明确的推广方案作为支撑,这也是最为基本的条件所在。体育赛事版权交易领域中的守法意识普及工作全面开展更是如此,力求提升知识产权保护水平的作用与意义能够得到最大化体现,推广方案具体如下。

1. 体育赛事知识产权归属必须清晰明了

产权归属无疑是知识产权保护核心中的核心,是有效划分知识产权主体与客体的重要依据，也是体育赛事转播行业明确自身权利与义务的重要保证。对此，应将其视为体育赛事知识产权保护推广方案设计基础中的基础。具体要涉及体育赛事知识产权主体与客体的划分原则，以及权利主体本身依法享有的各项权利、必须履行的职责与义务、必须肩负的社会责任，这无疑让体育赛事知识产权的归属能够得到更加清晰明了的界定。

2. 大力推行有中国特色的现代企业制度

党的十九大胜利召开向国人传递了震惊世界的讯号，中华民族已经迈入了比任何一个历史时期都要接近民族伟大复兴目标的历史新阶段，特别是在2021年，我国已经开启了全面建设新时代中国特色社会主义现代化国家的新征程，各项事业的发展也进入了历史新阶段。知识产权保护工作显然要与时俱进，普及守法意识更要将与时俱进的知识产权保护思想和理念视为重中之重，体育赛事版权交易守法意识的普及更是如此。大力推行有中国特色的现代企业制度，显然成为体育赛事知识产权保护推广方案中不可缺少的一项内容。其中，要让从业者清楚我国已经明确了的具有中国特色的体育俱乐部制度，该制度中明确体育产权公私兼容，公有产权为主体，私有产权为重要补充，确保体育赛事版权交易过程能够形成良好的行业监督，为全面增强行业内部守法意识提供有利的前提条件。

3. 政府职责的进一步明确

政府职能部门无疑是推进国家各项事业又好又快发展的中坚力量，面对我国体育产业市场发展进程日益加快的现状，针对体育赛事版权交易发挥出有效的管理职能，显然是引导体育赛事转播行业全面强化守法意识，以及净化体育赛事版权交易环境的有效措施之一。在此期间，应主要注意两个方面：第一，必须意识到治理职能由"行政治理"向"依法治理"转变。第二，要力求转变为权力有限政府，将权力下放至主管部门和广大行业内部个体之中，引领行业内部自主进行版权交易的监督与管理。

（二）加大体育赛事知识产权保护推广措施实施力度

从公民守法意识普及的必然条件出发，立法部门与执法部门不仅要有具体的实施方案作为基本前提条件，更要有实施措施和强大的实施力度作为重要保证，由此方可确保公民守法意识得到全面普及，从而达到全面推进法治社会建设与发展的目的。在提高知识产权保护水平、促进体育赛事版权交易发展的道路中，广泛普及守法意识自当如此，不仅要拥有一套较为系统的体育赛事知识产权保护推广方案，更要有有效的体育赛事知识产权保护推广措施作为重要支撑，确保方案中的各个环节在实施过程中能够得到大力执行，为促进体育赛事版权交易发展形成更为强大的外在保障力。

1. 增加体育赛事运营方的扶持与推广力度

体育赛事运营方是提高体育赛事收益、延长体育产业链、促进体育事业可持续发展的原动力，在体育赛事知识产权保护方面也会发挥出巨大的作用。其原因在于体育赛事运营方的主要经营范畴包括赛事品牌包装、赛事运营、媒体传播、市场推广等，依法享有独家赛事经营、商业开发、赛事衍生品开发的权利，并且能够针对体育赛事运行过程进行自我监督和行业监督，确保体育赛事知识产权得到强有力的保护。针对于此，加大体育赛事运营方的扶持与推广力度，可以让保护体育赛事知识产权的个体无限增加，进而也能促进行业内部广泛形成依法保护体育赛事知识产权的意识。

2. 拓宽体育赛事知识产权保护的宣传渠道

当今我国已经进入全媒体时代，信息传递的途径越来越多样，全民信息素养的不断增强已经成为现实，故而为体育赛事知识产权保护的宣传渠道的不断拓宽提供了更为丰富的载体，体育赛事版权交易拥有一个理想的发展平台必然会成为现实。其具体操作主要体现在两个方面：第一，运用好各种信息资源传播媒介，打造体育赛事知识产权保护主体"宣传周"。第二，在高校、社区及企业宣传体育赛事知识产权保护。通过以上两个实操路径，不难发现在体育赛事知识产权保护工作的开展中实现"线上"和"线下"相结合，必然会将全面提高其宣传质量和覆盖范围转化为现实。

3. 延伸体育赛事知识产权保护的内容

在做到有效加大体育赛事运营方的扶持与推广力度，以及拓宽体育赛事知识产权保护宣传渠道的基础上，还要对体育赛事运营方知识产权保护的内容进行有效延伸，确保有更多的个体能够通过多种渠道了解到更多的体育赛事知识产权保护内容，为全面普及个体的体育赛事知识产权守法意识提供又一重要支撑条件。体育赛事知识产权保护内容的延伸过程中应该重点关注三个方面：第一，知识产权国际规则的调整和制定；第二，知识产权领域的国际合作；第三，与国家有关部门保持有效协调的做法。由此方可确保体育赛事运营方和广大民众能够形成主动服务的意识，力求促进体育赛事版权交易始终处于良性发展环境之下。

通过本章节的论述，可以看出在数字化时代背景之下，我国体育赛事媒体转播权交易机制的形成需要在多个方面做出努力，由此方可打造出较为理想的体育赛事全媒体转播权交易大环境，确保我国体育赛事转播权交易市场实现全面开发，为我国社会经济和体育事业的全面发展提供重要的推动力和保障力。这也是笔者在下一章节所要研究与阐述的主要内容。

第八章　我国体育赛事转播权交易市场开发策略研究

第八章 我国体育赛事转播权交易市场开发策略研究

在明确数字化环境下体育赛事传播模式的嬗变与特征，全球或我国体育赛事媒体转播权的交易现状，以及影响体育赛事媒体转播权交易的因素和我国体育赛事媒体转播权交易机制的基础上，随之要针对我国体育赛事转播权交易市场开发的策略进行深入的研究与探索，而这也是本书创作的核心部分之一。笔者认为应该从四方面入手，具体内容如图 8-1 所示。

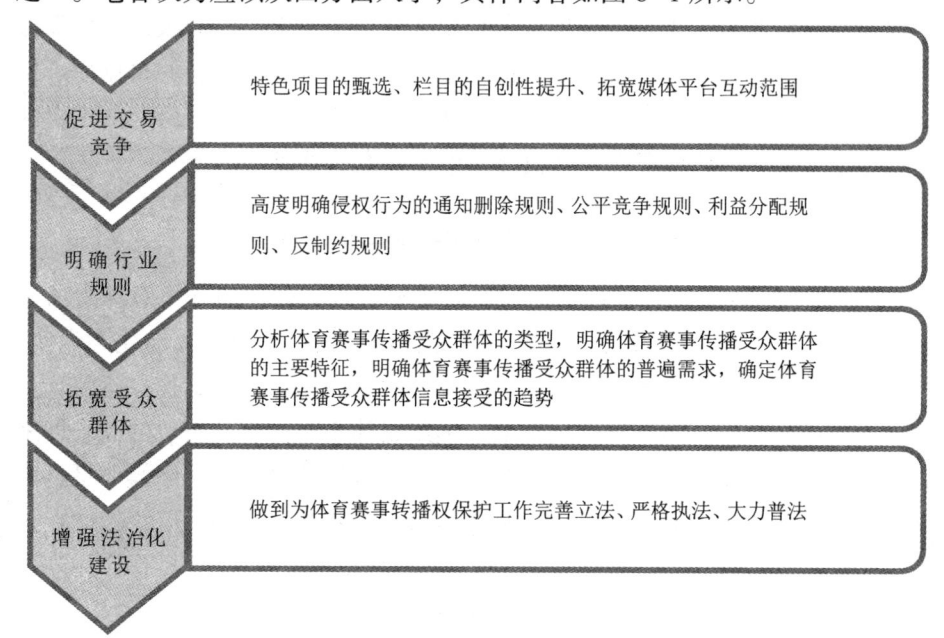

促进交易竞争	特色项目的甄选、栏目的自创性提升、拓宽媒体平台互动范围
明确行业规则	高度明确侵权行为的通知删除规则、公平竞争规则、利益分配规则、反制约规则
拓宽受众群体	分析体育赛事传播受众群体的类型，明确体育赛事传播受众群体的主要特征，明确体育赛事传播受众群体的普遍需求，确定体育赛事传播受众群体信息接受的趋势
增强法治化建设	做到为体育赛事转播权保护工作完善立法、严格执法、大力普法

图 8-1 我国体育赛事转播权交易市场开发的侧重性因素

通过图 8-1 可知，要想确保我国体育赛事转播权交易市场实现全面开发，最主要的影响因素包括提高网络媒体平台参与体育赛事转播权交易竞争的积极性，并且要明确系统化的市场交易规则，还要做到拓宽受众群体和全面加强转播权保护工作法治化建设。由于策略本身的系统性较为明显，需要进行深入的分析与探究，所以下面就针对上述四个方面进行深入而又系统的阐述。

第一节　积极吸引网络媒体平台参与体育赛事转播权交易的竞争

良好竞争关系的形成无疑是市场迎来长足发展的首要因素，体育赛事转播权交易市场要想实现长足发展，不仅要在竞争关系上不断升级，还要保持良好的秩序。在此期间，特色项目的强力引进、提升栏目本身的自创性、拓宽网络媒体之间的互动范围就成为有力抓手，这不仅是本小节研究的主要内容，还是促进我国体育赛事转播权交易市场开发的重要基础。

一、要积极引进特色项目，形成资源的差异化

"项目"是各个行业实现全面发展的必要支撑条件，但并不意味着所有的项目都能有效推动行业发展，只有选择正确的项目才能将其转化为现实，相反则不然。针对网络媒体平台的运营与发展而言，做到正确选择运营项目是其关键中的关键。结合我国民众关于网络媒体平台内容及版块的需求度来看，体育赛事的需求度较高，积极参与体育赛事转播显然是网络媒体平台未来发展的理想之选，参与转播权交易竞争自然是极为可行的发展之道。在这里，积极引进特色项目，形成资源的差异化要放在首位，具体操作应体现在三个方面，下面笔者会对其进行针对性的阐述。

（一）斟酌特色项目选择范围，凸显网络媒体平台实质

运营项目是否具有"代表性"和"普遍接受性"，直接关乎网络平台发展的可持续性，行业竞争力也会受到影响。故而，在数字化环境下全媒体发展大潮流中和网络平台运营模式中，必须将深挖具有代表性和普遍接受性的项目放在首要位置，体育赛事转播也是如此。在网络媒体运营过程中，要甄选受众数量较多的体育赛事，确保体育赛事转播过程中能够为用户广泛传递正能量，由此为其可持续发展增加有利的保障条件。另外，在体育赛事项目甄选过程中，还要突出其代表性，能够吸引用户的注意力，并得到高度的认可。例如，一些规模相对较小的网络媒体平台可以与 NBA 发展联盟签订赛事转播权交易协议等。这不仅能够彰显网络媒体平台的实质，还能反映运营过程中的态度，更是吸引网络媒体平台参与体育赛事转播权交易竞争的强大动力。

（二）强调版块的意见反馈功能，增强网络媒体平台的互动特性

从目前网络媒体行业发展较为成功的案例出发，普遍存在的一个共性特征就是极善于听取用户的意见和建议，从中不断完善网络平台的模块结构，并且促进自身的版块与内容创新，达到不断增强自身体育赛事交易权核心竞争力的目的。这也为其他网络平台的未来发展指明了具体方向。在网络平台运营道路中，结构模块的建设应将信息反馈模块作为重中之重，更加强调听取用户的心声，积极收集、整理、分析用户所提出的意见，并充分采纳用户所提出的建议，与用户之间保持积极而又全面的双向互动。由此在确保各网络媒体做大做强的同时，在体育赛事转播权交易方面能够拥有更强的核心竞争力，进而加快我国体育赛事转播权市场的发展速度。

（三）广纳成功经验，增强网络媒体平台转播权交易的竞争实力

从当前我国几大网络媒体运营商最近几年的发展历程能够清晰地看到，之所以成功，并非时代发展所带来的偶然性所致，而是在不断探索的前行中广泛积累成功经验的成果。对此，在网络媒体平台真正做到积极参与体育赛事转播权交易竞争的道路中，必须将广纳成功经验视为重中之重。在此之中，主管部门要做到以"公平""公正""公开""透明"的态度，分享成功的网络媒体运营经验，还要将运营过程中重点关注的事项充分阐明，真正起到"划重点"的作用，以此来指导广大网络媒体能够找到转播体育赛事，并将其加以有效运营的突破口，从而提升体育赛事转播权交易的竞争实力，成为体育赛事转播权交易市场的新生力量。

二、要突出栏目的自创性，搭乘重大赛事"顺风车"

甄选具有特色性的项目，并将其视为今后乃至未来平台发展的大方向，确保平台本身的实质性能够更加突出，显然是积极促进网络媒体平台参与体育赛事转播权交易的有力推手。然而，以常规的思维方式进行网络平台的运营，显然很难让体育赛事转播保持可持续和又好又快发展的状态，只有进一步凸显栏目本身的自创性，才能确保网络平台真正搭乘上重大赛事的"顺风车"，我国体育赛事转播权交易市场的开发才能拥有强大的驱动力。

（一）高度明确体育赛事版权归属，树立极强的栏目自创性意识

互联网时代的飞速发展促进了体育赛事的发展，特别是在转播权交易市

场全面形成，并加以有效管理的基础上，让网络媒体平台拥有了更大的生存与发展空间，同时为体育事业发展道路取得长足进步拥有更为强劲的动力。但不可否认的是体育赛事完全可以将其视为一种特殊的"作品"，其中包括很多具有商业性的标志、宣传语、口号、歌曲等，具有一定的原创性，所以在转播权交易过程中会受到知识产权保护，而很多网络媒体也正是由于这一方面在转播权交易过程中望而却步。为了将这一严峻的形势彻底改变，笔者认为应让网络媒体平台树立栏目的自创性意识，强调体育赛事转播视角的创新，让属于本平台的内容、观点、想法能够通过体育赛事转播的过程表现出来，呈现出本平台在进行体育赛事转播中的固有特色，进而能够为其可持续发展提供最为核心的基础条件，让其拥有搭乘重大赛事"顺风车"的资格。

（二）深挖栏目自创的新视角，形成赛事转播资源衍生思维

树立栏目自创性意识，作为网络媒体栏目，突出自创性，以及确保其能够具备体育赛事转播权核心竞争力的根本所在，随之要针对自创性的视角不断进行深入挖掘，如此才能让栏目本身始终拥有衍生性的新资源，最终保证网络媒体能够形成体育赛事转播新思维。其具体操作主要体现在两个方面：第一，赛事运营过程所衍生出的新栏目；第二，新栏目所衍生出的新内容。前者主要针对网络媒体平台栏目创新性方面进行深度思考，后者则是立足栏目本身的创新性分析内容如何进行衍生，进而达到不断调动用户关注度和提升满意度的目的，让其更有资格搭乘重大赛事的"顺风车"。

（三）强调实践的根本性，从实际层面提高体育赛事转播权交易的核心竞争力

毋庸置疑，所有意识的产生和思维的形成都要落到实践中去，由此方可让意识与思维的作用和价值得到最直接的体现。在体育赛事转播权交易竞争过程中也不例外。前面已经明确指出，赛事运营过程所衍生出的新栏目，以及在新栏目所衍生出的新内容中，都要遵循体育赛事知识产权保护的基本要求，在合理合法的范围内进行栏目和内容的衍生，由此才能确保网络媒体平台的受关注度不断提高，使体育赛事转播权交易能够具备更强的竞争力。然而，在实践中如何做到这些方面，自然成为摆在每一位相关工作者和学者面前的棘手问题。笔者认为，应该从两方面着手：第一，广泛进行积极的用户走访，深度倾听其心声的同时，明确用户最普遍的需求。第二，结合赛事运营与发展，以及用户最普遍的需求方向，找出相关性极强、热点极高、意识

形态正确引导作用极为突出的赛事新内容。只要做到这两点，网络媒体平台参与体育赛事转播权交易势必会得到全面增强，成为体育赛事转播权交易市场中的"一股清泉"。

三、要通过拓宽媒体平台互动范围来了解转播权交易行情

就当前数字化环境下我国体育赛事转播权市场开发的根本立足点而言，不仅要引导网络媒体积极引进具有特色的项目，并且能够开发出具有自创性的栏目，让网络转播媒体能够真正发觉怎样才能更好地促进自身可持续发展，并逐渐提高网络转播平台体育赛事转播权交易的核心竞争力，还要注重行业内部进行及时、有效、深入的交流与互动，能够了解体育赛事转播权交易的基本行情，如此才能确保有更多的网络媒体平台具备体育赛事转播权交易资本，成为市场发展的根本推动力量。至于后者如何转化成为现实，笔者会从三个方面进行论述。

（一）主管部门建立信息公示网站，最大程度实现转播权交易市场透明化

通过上一章内容的阐述，不难发现有效打破体育赛事转播权市场垄断现象最为有利的做法就是做到信息的公开化和透明化，让行业内部所有网络媒体平台能够针对转播权交易市场发展动态做出客观的评述，真正实现交易过程的高度公平和公正。对此，在吸引网络媒体平台参与体育赛事转播权交易竞争的过程中，行业主管部门应该将转播权交易市场的实时动态通过权威的网站呈现在行业内部，并且与网络媒体平台之间形成广泛互动，让各网络媒体能够深刻意识到当前存在哪些体育赛事转播权交易空间，需要具备怎样的资质和条件方可参与交易权竞争，侵权行为主要包括什么等，力求体育赛事转播权交易市场能够达到高度的透明化，为积极吸引网络媒体平台参与体育赛事转播权交易竞争提供有利前提。

（二）网络媒体平台建立互动连接，广泛积累体育赛事转播权竞争经验

网络媒体平台要想实现可持续和又好又快发展，显然不能一味地"闭门造车"，势必要与行业内部成功的网络媒体平台进行广泛交流，在"博采众长"的同时做到"兼收并蓄"，让平台运营过程始终拥有成功经验去借鉴，有真实的教训去规避高风险运营活动，进而让平台的发展具有较强的可持续

性，并逐渐形成又好又快发展之势。体育赛事转播权交易活动中，网络媒体平台自然也要做到这一点，与其他平台之间进行交流与互动，充分了解在体育赛事转播权交易过程中的注意事项，以及在转播权交易过程中提升自身竞争力的方法，进而为准确识别体育赛事转播权交易机会，并将其牢牢把握，平台运营始终具有可持续性提供强有力的帮助。

（三）表明体育赛事转播权交易走势，力保网络媒体平台充分了解其行情

从前面的阐述中可以明确看出，当前我国体育赛事转播权交易市场无论是在交易达成的数量方面，还是在交易总额方面，大致处于逐年递增的态势，这显然为网络媒体平台提供了一个基本的信息反馈，能够让更多的网络媒体平台看到体育赛事转播是未来发展的大趋势，并且具有极大的发展空间。针对于此，在数字化环境下我国体育赛事媒体转播权交易机制全面构建过程中，要想确保更多的网络媒体平台参与体育赛事转播权交易竞争之中，就需要行业内部有关部门扩大体育赛事转播权交易途径，让网络媒体平台充分了解其市场交易行情，力求能够为其积极参与到交易活动之中提供推动作用，同时增加我国体育赛事转播权交易市场发展道路中的新增长点。

综合本节所阐述的观点，能够看出在当今乃至未来时代发展大环境下，进一步强化我国体育赛事转播权交易市场良性竞争环境中，积极吸引网络媒体平台参与体育赛事转播权交易竞争势在必行，而其实践过程又是一项极为系统的工程，上述三个方面缺一不可。虽然笔者已经针对具体细节进行了明确的阐述，但在具体实践操作过程中，还要有更为系统化的体育赛事转播权交易行业规则作为支撑，这也正是笔者在下一小节所要阐述的主要内容。

第二节 建立系统化的体育赛事转播权交易行业规则

古语有言："无规矩不成方圆"，"规"指的就是规则，各行各业都有自己的规则，以保行业能够顺利发展，并且可持续性极强，达到甚至始终处于又好又快的发展状态。在数字化环境下，我国体育赛事媒体转播权交易市场发展中也是如此，必须要有一套极为系统的行业规则作为支撑，如此才能确保行业发展的可持续性，让发展的过程始终能够保持又好又快的状态。本节就以此为立足点，对体育赛事转播权交易行业规则系统化构建的要素进行论

述，具体内容如图 8-2 所示。

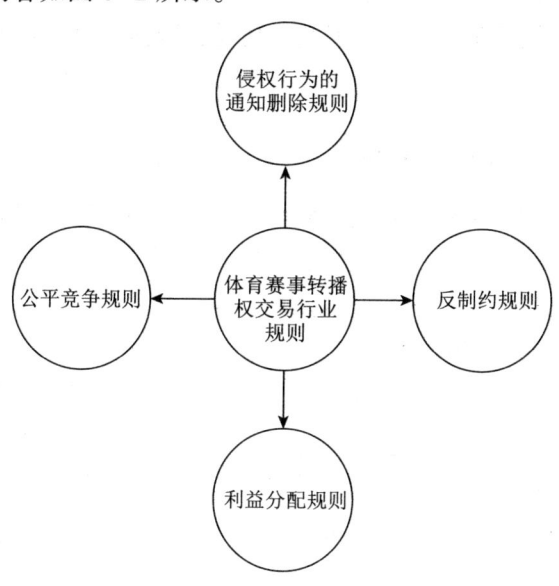

图 8-2　体育赛事转播权交易行业规则系统化构建的要素

通过图 8-2 所明确的具体要素不难发现，在系统构建体育赛事转播权交易市场行业规则过程中，涉及的要素较为系统，而且每个要素中还会包括 2～3 个细节。由于在图 8-2 中没有得到充分体现，下面笔者对其进行详细的阐述。

一、侵权行为的通知删除规则

侵权行为的通知删除规则作为体育赛事转播权交易市场中较为基础的行业规则，是保证侵权行为能够及时得到制止，将侵权所造成的损失最小化的一项重要举措。针对该项行业规则而言，应该包括以下两个方面，以确保该行业规则能够有效规范行业行为。

（一）侵权通知具有法律效益

早在 2006 年，我国就已经出台并全面实施了《信息网络传播权保护条例》，确保网络知识产权侵权行为能够得到有效的法律约束。随着时代的发展，体育赛事转播权交易市场日趋繁荣，该条例也在进行不断完善，为我国网络媒体平台体育赛事转播权交易的规范性提供了强有力的保证。其中，针对侵权行为的有效通知和无效通知做出了明确阐述，充分说明侵权通知本身具有法律效益，为我国体育赛事转播权交易市场中网络媒体平台竞争活动规范性的进一步加强提供了重要保证。因此，也是我国体育赛事转播权交易行业规则中的重要组成部分。

（二）侵权通知作为权利主张

侵权行为的通知删除规则并非凭空而来，而是我国立法部门通过深入解读美国《千禧年数字版权法》[①]的相关内容，结合我国数字化大环境下的体育赛事媒体转播权交易发展的大背景，对其加以借鉴，并内化成适合我国体育赛事转播权交易市场发展的一项法律规定。其中，明确了侵权的主要行为，以及赋予权利人保护自身知识产权的各项权利；明确了侵权通知作为权利主张，以此来制止侵权行为的延续和避免侵权行为后果的进一步扩大。这无疑充分表现出侵权行为的通知删除规则的重要性，更能深刻体现该规则在体育赛事转播权交易行业又好又快发展中的作用与价值。

二、公平竞争规则

"公平性"作为促进行业内部竞争的决定性条件，各项举措是否公平，直接影响到参与竞争的主体能否获得平等对待，进而也会影响参与竞争主体的积极性和主动性。针对于此，在体育赛事转播权交易行业规则的构建中，公平竞争规则应该作为一项最为根本的规则，该规则主要包括以下两项重要内容。

（一）符合法律规定

随着我国社会法制化发展进程的日益加快，以及体育事业的飞速发展，在体育事业转播权交易市场运行的规范性方面，应不断加强法律法规的完善与实施力度。《中华人民共和国反垄断法》《中华人民共和国商标法》《中华人民共和国知识产权法》等法律法规都对体育赛事转播权交易做出了相关的法律解释和法律规定，为净化体育赛事转播权交易市场大环境提供了重要的法律支撑。对此，符合法律规定就成为我国体育赛事转播权交易行业发展的基本规则，更是促进我国体育赛事转播权交易市场有效扩大其行业规模的强大保证力。

---

① 《千禧年数字版权法》（DMCA）第五百一十二条：通过设定"通知+删除"的规则，限制网络服务提供者的侵权责任。

（二）统一接受公平竞争审查

"公平"是一切竞争环境趋于理想化的根本前提，也是良性竞争氛围形成不可缺少的条件，我国体育赛事转播权交易市场中要想让竞争环境趋于理想化，自然也不能例外。特别是在数字化大环境之下，我国已经进入全媒体发展新阶段，体育赛事转播权交易市场要想实现有效开发这一最终目的，就必须将打造理想的竞争环境视为关键中的关键，而统一接受公平竞争审查自然是必要的体育赛事转播权交易行业规则。其间，既要针对电视转播权竞争的各个环节进行相关审查，又要对是否具备电视转播权竞争的要求进行相关审查，力保参与体育赛事转播权竞争的网络媒体平台都能保持规范操作。这样不仅净化了该行业市场发展的大环境，更能确保有更多的网络媒体平台能够进入体育赛事转播权交易市场之中，在提高市场未来发展可持续性的同时，更能使其始终保持又好又快的发展姿态。

三、利益分配规则

英国首相丘吉尔曾经说过一句名言，在当今社会各个行业中广泛流传，即"只有永恒的利益"。而利益分配不平均就会导致利益的消失，行业未来的发展前景堪忧。在我国体育赛事转播权交易市场开发道路中，在构建行业规则时，必须明确利益分配规则，并将其视为行业规则的重要组成部分，该规则中的内容应体现在三个方面，具体如下。

（一）以事权划分为主要原则

所谓的"事权"，是指在公共事务和服务过程中所需要承担的责任，"事权划分"则是指负责哪一方面的事务和承担哪一方面的责任。根据这一定义，再看体育赛事转播权交易的全过程，转播权的归属无疑是运营方，网络媒体平台作为转播权的竞争方，一旦出现侵权行为（包括隐性侵权），就意味着侵权方必然要对该行为负有法律责任，接受相关法律的惩处，所得利益自然也会分配给赛事运营方。另外，由于我国体育事业发展的体制具有代表性，所以行业协会也应该作为利益分配的主体，而这恰恰是体育赛事转播权交易行业规则中利益分配规则的深层表达，更是确保该行业能够实现可持续和又好又快发展的又一重要保障条件。

（二）尊重无形资产的开发和保护

众所周知，在体育赛事中包括诸多无形资产，其中转播权、赞助权、冠名权、特许商品经营权等是最为直观的体现。既然如此，在体育赛事转播权交易过程中，就需要针对无形资产加以有效开发与保护，如赛事会徽、主题曲、口号等，都需要经过授权才可使用。此外，这也是利益分配规则的重要组成部分，更是体育赛事转播权交易行业规则的重要构成。

（三）以市场竞争机制为主体

所谓的"市场竞争机制"，是指市场竞争、供求关系、价格之间相互制约与联系过程中的作用机制。在市场经济大环境下，竞争主要体现在商品生产者之间、商品购买者之间、商品生产者与购买者之间，无论是怎样的竞争关系，都是为了实现自身利益的最大化，体育赛事转播权交易更是如此，就是要通过价格的浮动来有效保持市场竞争关系，从而促进行业内的市场发展。对此，在我国体育赛事转播权交易市场开发道路中，应将市场竞争机制作为利益分配规则的主体。

四、反制约规则

"反制约"规则之所以在各个行业中存在，就是为了避免某一行业具有高度影响力的企业通过一些手段或措施，形成对其他企业的制约，进而限制行业的发展规模和发展进程，并导致行业发展的可持续性大大降低。对此，在当今时代大环境和大背景下，要想让体育赛事转播权交易市场始终保持可持续和又好又快的发展态势，就必须将反制约规则作为行业规则的重要组成部分，其具体内容主要体现在以下三个方面。

（一）各个媒体平台不再拥有"金牌令箭"

就目前而言，无论是在国际还是在国内，在体育赛事转播权交易市场中，一些极具社会影响力，或者受众范围极大的媒体平台往往在体育赛事转播权交易市场中拥有"金牌令箭"，以保赛事转播权能够牢牢"攥"在手中。该做法显然会导致体育赛事转播权交易市场内部的公平性下降，也不利于更多的网络媒体平台参与到体育赛事转播权交易活动之中，最终会导致体育赛事转播权交易市场的垄断现象不能彻底消除。对此，各个媒体平台不再拥有"金牌令箭"，自然成为我国体育赛事转播权交易行业的基本规则，更是全面而又有效开发我国体育赛事转播权交易市场必不可少的有效手段。

(二) 避免赞助商给体育赛事转播权交易市场压力

在体育赛事转播权交易过程中，赞助商为了借助体育赛事转播扩大自身品牌的社会影响力，通常会对体育赛事转播权交易提出一定的要求，包括参与转播权竞争的网络媒体平台自身的社会影响力、受众程度、运营模式等，如果不能达到自身的预期，就会干预转播权交易的过程。这显然不利于体育赛事转播权交易市场的发展，很多规模较小且能做到规范和创新运营的网络媒体平台被排除在转播权交易市场之外，所以市场垄断现象还是无法避免。

(三) 不断改善各大赛事运营商与网络媒体平台的关系

从当前各大国际和国内联赛发展的态势出发，体育赛事在我国所受到的关注得以普遍提升，各大赛事运营商的受众范围进一步扩大。对此，在体育赛事转播权交易市场中，就会形成以赛事运营商为主体的现象，与谁合作通常都是赛事运营商所考虑的问题。对此，一些受众程度相对不高，但运营模式相对较为理想的网络媒体平台很难与之产生对话，进而也不具备与其他网络媒体平台公平竞争的机会。这显然不利于时代大环境下我国体育赛事转播权交易市场的进一步开发，故而不断改善各大赛事运营商与网络媒体平台的关系，就成为我国体育赛事转播权交易行业发展中不可缺少的一项行业规则。

第三节 依托体育赛事转播权交易拓展更多体育赛事传播受众群体

受众群体不断增加显然是体育赛事转播权交易根本价值的体现，也是体育赛事转播权交易市场始终保持繁荣发展的重要保障。因此，在切实有效地开发我国体育赛事转播权交易市场的道路中，要将拓展更多体育赛事传播受众群体放在重要位置。依托体育赛事转播权交易的现实情况，有效做好前期准备工作，并且能够结合准备工作中所获取的信息进行有效分析，最终确立可拓展的体育赛事传播受众群体则是其主要思路。

一、深入分析体育赛事传播受众群体的类型

结合分析事物发展规律的基本流程不难发现,充分的前期准备工作是基础,而实施活动的有效进行是中间环节,整理并分析其结果是关键中的关键。对此,在深入分析体育赛事传播受众群体的类型过程中,也要将其基本流程作为主要思路,由此确立起分析体育赛事传播受众群体类型的路径,具体内容如图 8-3 所示。

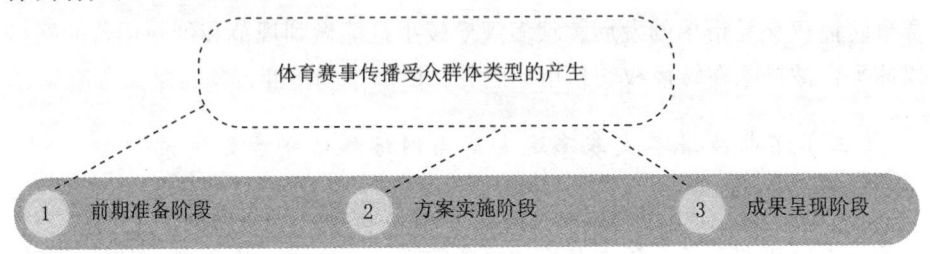

体育赛事传播受众群体类型的产生

1 前期准备阶段　　2 方案实施阶段　　3 成果呈现阶段

图 8-3　分析体育赛事传播受众群体类型的路径

在图 8-3 中,清晰明确地体现出在体育赛事转播权交易市场中,有效拓展更多体育赛事传播受众群体的路径主要包括三个阶段,每个阶段都有系统的操作流程和注意事项,而这也是笔者接下来要论述的重点。

(一)积极开展"线上"和"线下"问卷调查活动

就深入分析体育赛事传播受众群体类型的主要条件来看,全面了解受众群体的基本情况是最为根本的前提条件。由于网络媒体平台在品牌推广的道路中以网络信息传播为主要方式,所以在了解体育赛事受众群体的类型过程中,应该将"线上"问卷调查方式作为问卷调查活动开展的主要方式。但是,该方式绝非唯一的方式,需要"线下"问卷调查活动作为重要补充,如此才能确保问卷调查活动范围的最大化。除此之外,在调查问卷的设计方面,应做到内容的高度统一,力求受众群体的基本情况能够得到客观呈现,为拓展体育赛事传播受众群体以及体育赛事信息的有效衍生提供重要依据。

(二)做到问卷调查的内容具有高度的指向性

调查问卷的内容是否详尽,并且能否做到与调研工作紧密联系在一起,会直接影响问卷调查结果的有效性,更关乎能否为有效进行现状分析提供客观依据。对此,在开展任何项目的问卷调查工作之前,必须精心设计调查问

卷的内容，对体育赛事传播受众群体类型的了解与分析更是如此。无论是在"线上"调查问卷设计方面，还是在"线下"调查问卷设计方面，都要确保其内容具有高度的指向性。其主要内容体现在以下四个方面：第一，年龄、性别以及日常关注的网络媒体平台有哪些；第二，是否对其呈现的体育赛事相关信息持满意态度；第三，平时关注的体育赛事信息主要涵盖哪些体育项目；第四，体育赛事信息的形态主要体现在哪几方面。这些内容显然能够为广大网络媒体平台有效了解体育赛事传播受众群体的类型，并且对其进行客观而又深入的分析提供有力依据。

（三）确定并分析体育赛事传播受众群体的主要类型

在网络媒体平台明确问卷调查的路径，以及具有高度指向性的问卷调查内容，并有效实施问卷发放、回收、整理、归纳工作之后，随之可针对问卷调查结果进行系统推论，最终确定体育赛事传播受众群体的主要类型，并对其推论进行深入分析，这无疑为促进体育赛事信息衍生能力，以及体育赛事转播运营活动的自创性指明了方向，更为拓展更多体育赛事传播受众群体，并且进一步提高体育赛事转播权交易核心竞争力奠定了坚实基础。笔者在实践过程中，通过与诸多网络媒体平台负责人的深入交流，发现在网络媒体平台开展"线上"和"线下"问卷调查活动中，问卷调查结果主要表现在两个方面，即休闲体育项目和竞技体育项目关注度较高、赛场内外的有关赛事信息作为主要选择。由此可以推断出体育赛事传播受众群体的主要类型有两个，即青少年和中年群体。

二、明确体育赛事传播受众群体的主要特征

从前面的阐述中可以了解到，依托现有网络媒体平台转播权交易活动，通过问卷调查的方法确定体育赛事传播受众群体的主要类型，能够对受众群体主要包含的人群加以确定，但是并不能对受众群体关注的体育赛事范围加以明确。之后，笔者针对问卷调查结果进行分析，高度明确体育赛事传播受众群体的主要特征，最终方可确保广大网络媒体平台能够深度认知体育赛事转播权交易的价值增长空间，为进一步增强我国体育赛事转播权交易市场的活跃度，以及打造出更好的良性竞争环境提供重要保障力。

（一）年龄特征

明确受众群体的年龄特征不仅是了解体育赛事信息人群分布情况的有效

措施，更是判断受众群体关于体育赛事信息具体需要的客观依据，这不仅为拓展受众群体范围打下坚实基础，更能为体育赛事转播权交易市场的发展提供有力的促进作用。针对于此，在"线上"和"线下"认证调查表的设计中，必须突出年龄与性别两个基本选项，并且做到年龄阶段的详细划分。除此之外，还要针对不同年龄特征的人参与体育运动的基本心理进行深入了解与分析，让体育赛事转播权交易下的受众群体能够得到更为有效的判断，为拓展受众群体提供更为直观的说明。

（二）关注领域的特征

不同年龄特征的受众群体自然在体育赛事信息的关注领域有所不同，因为随着年龄的增长，各个年龄段关于体育运动的理解角度有所不同，对于体育运动的需要也有着明显不同，因此在体育赛事关注领域也会有年龄特征层面的差异。对此要明确不同年龄阶段受众群体关注领域的特征。

（三）关注的焦点

从体育赛事转播权交易活动拓展体育赛事受众群体的全过程角度出发，了解现有受众群体的年龄特征，并且能够对其关注领域加以有效确定是基础环节，还需要进一步细化，如此才能有效确定体育赛事转播权交易后的受众范围。而具体细化的主要细节在于要多关注领域中的焦点加以明确，让受众群体关注的聚焦对象更加清晰地呈现出来。例如，在NBA赛场转播权交易过程中，在体育赛事的呈现中，有一部分人更加关注比赛实况，有人关注实况录像，还有人关注赛场外联盟的动态等，这些赛事资源都可以成为体育赛事转播权交易过程中不断提升网络媒体平台赛事内容衍生能力，或者运营模式创新性的重要突破口，为受众群体的进一步增加提供有力保证。

三、明确体育赛事传播受众群体的普遍需求

在确定现有体育赛事受众群体主要特征的基础上，就要针对其普遍需求进行系统分析，找到体育赛事信息供给的主要侧重点，进而为体育赛事转播权交易活动有效开发体育赛事资源指明方向，这样不仅能够进一步扩大体育赛事传播受众群体拥有更为有力的客观依据，更能让网络媒体平台获得更多的体育赛事转播权交易机会。

（一）休闲体育项目相关赛事

从体育赛事传播受众群体的类型分析结果出发，占问卷调查总人数比例接近一半的为年龄在 40～45 岁之间的人群，该年龄段的人群更加关注生活质量，强调体育赛事本身能够促进自身强身健体，因此休闲类的体育赛事往往受关注度较高，如高尔夫联赛、花样滑冰国际巡回赛等。休闲体育项目是我国体育事业取得全面发展的中坚力量，而这一类体育赛事作为当下体育赛事传播受众群体的主要需求之一，不仅为我国体育赛事转播权交易指明了具体方向，更为体育赛事内容的自创性和衍生性的不断提升提供了重要依据。

（二）隔网和对抗性体育赛事

结合体育赛事传播受众群体的类型分析结果，笔者清晰地观察到，在问卷调查总人数中，有近一半的调查对象为青少年，在日常闲暇之余更加关注对抗性较强的比赛项目，如 NBA 赛场、英超联赛、德甲联赛、欧冠联赛等。这些比赛项目同场竞技性较强，并且在促进体质健康发展上起着至关重要的推动作用，还能促进其团队协作、抗挫折、抗压等能力的发展。因此，这也是体育赛事传播受众群体的又一普遍需求，更为我国体育赛事转播权交易指明了方向。

（三）赛场内外及时的信息报道

笔者在实践中通过与网络媒体平台共同进行"线上"和"线下"调查问卷结果分析后发现，很多用户在平时浏览相关体育信息的过程中，首先会针对场内外的球员信息，以及联赛运行过程中的信息进行浏览，并且更愿意去看有关评论区的报道，还能针对其评论观点说出自己不同的看法。这就意味着"赛场内外及时的信息报道"是现有体育赛事转播平台受众群体关注的焦点，如球员转会情况、现有球队阵容配置、在联赛中的排名和未来发展等，这无疑为拓展更多体育赛事传播受众群体提供了重要支撑作用，更为网络媒体平台有效提升体育赛事转播权的竞争力提供有利条件。

四、确定体育赛事传播受众群体信息接收的趋势

在各个领域中，对受众群体的拓展都必须要有一个极为明确的思路，体育赛事转播权交易拓展更多体育赛事传播受众群体也不例外。其中，最为关键的一环就是准确把握体育赛事传播受众群体信息接收的趋势，以此为侧重

点衍生出更多的赛事资源，这样不仅能提高网络媒体平台体育赛事转播权的竞争实力，更能为未来我国体育赛事转播权交易市场的可持续发展奠定坚实基础。针对这一方面，笔者认为最为有效的操作应从三个方面入手，下面会对其做出具体阐述。

（一）信息供给的差异化明显

就数字化大环境下体育赛事转播的主要载体发展现状来看，载体的多样化显然已经成为最为明显的表征，但是每个载体往往并不能完全满足用户关于体育赛事信息的各种要求，因而导致诸多网络媒体平台在体育赛事转播过程中会丢失一部分用户。此后网络媒体平台可以结合用户所提出的具体要求，有侧重地进行赛事信息供给方向的调整，力求丢失的用户能够"回归"。但是，有侧重的调整显然很难顾及全体用户，所以能回归的用户仅仅是少数，还会伴随之前没有丢失的客户存在流失的风险。针对于此，深刻认识到客户信息供给的明显差异化，就成为确定体育赛事传播受众群体信息接收趋势的首要任务，这也是拓展更多体育赛事传播受众群体的一项重要工作内容。

（二）受众群体信息需求的个性化日趋明显

当今时代人们对体育赛事信息的需求角度主要体现在以下四个方面：第一，赛事运营情况和赛事转播相关信息；第二，赛事实况录像和精彩集锦；第三，球员转会信息；第四，球员场外社交活动和动态。虽然这四个方面的信息看似众多网络媒体平台通过设置几个功能模块就能完成，实则不然，网络媒体平台需要通过实地走访与调查，并且通过建立大数据库及时进行信息的捕捉、整理、分析、存储，才能确保信息的真实性、可靠性、全面性，这是一项极为系统的工程。故而，受众群体信息需求的个性化日趋明显也成为体育赛事传播受众群体信息接收的主要趋势，从以上四个角度出发，满足受众群体的信息需求就可以拓展更多体育赛事传播受众群体。

（三）关于信息形态的需求更加多样化

在体育赛事转播过程中，所谓的"信息形态"，通常指的就是视频信息、文字信息、图片信息、多媒体信息等，由于受众群体的喜好不同，所以各自的需求也有所不同，可能存在某一群体普遍喜欢某两种或两种以上信息形态的情况。对此，在依托体育赛事转播权交易市场的有效运作、拓展更多体育赛事传播受众群体的过程中，需要针对体育赛事信息形态进行深入开发，从中找出受众群体普遍关注的重点，进而将其转化成为体育赛事转播运营的固有特色，这样不仅能够保证网络媒体平台在获取体育赛事转播机会的过程中不断增强核心竞争力，更有助于拓展更多体育赛事传播受众群体，为该市场的可持续和又好又快发展提供保证。

通过本节及以上章节的论述可以看出，在数字化时代大环境下，体育赛事传播已经进入全媒体化发展阶段，全球体育赛事转播权交易市场日趋繁荣已经成为不争的事实。我国体育赛事转播权交易市场的发展空间极大，体育赛事传播受众群体还有较大的拓展空间，这不仅能够加快我国体育经济的可持续发展，更能全力推动我国体育事业的又好又快发展。

第四节　强化体育赛事转播权保护工作法治化建设

社会法治化进程决定了发展进程，所以各行各业都有加快社会法治化进程的义务，当今时代大环境下的体育赛事转播权交易市场发展道路中，同样要将促进其法治化建设视为重中之重。在这里，强化体育赛事转播权保护工作的法治化建设是其核心。笔者在图 8-4 中就为广大学者指明了强化我国体育赛事转播权保护工作法治化建设的侧重点。

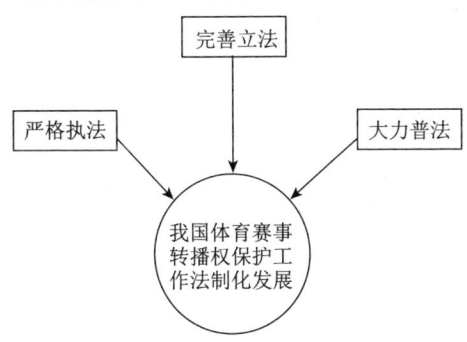

图 8-4　我国体育赛事转播权保护工作法治化建设的侧重点

新时代我国已经全面开启中国特色社会主义现代化国家建设新征程，社会法治化显然是社会治理的一种必然状态，也是最为理想的状态，而这也需要在各个领域都要实现法治化发展，体育赛事转播权交易市场更是如此。在图 8-4 中，笔者已经明确了我国体育赛事转播权保护工作法治化建设的三个侧重点，下面笔者会立足三个侧重点对其具体实施方案进行深入分析与探索。

一、完善体育赛事转播权保护的立法工作

立法工作作为法治建设的起始点,其作用在于让执法工作和普法工作的开展能够有充足的法律依据。对此,在体育赛事转播权保护工作法治化建设道路的探索中,笔者认为有效完善关于体育赛事转播权保护的立法工作应置于首位,在具体操作中应立足于以下三个方面。

(一)高度明确体育赛事转播权保护作为当下立法工作的重点领域

就当前我国体育赛事转播权交易市场的法律环境来看,当前现有的《中华人民共和国反垄断法》《中华人民共和国商标法》《中华人民共和国知识产权保护法》作为该领域法律体系的基本构成,针对侵权行为做出了明确的法律解释,并且明确了惩治措施。然而随着数字时代大环境的到来,体育赛事转播权交易已经迈入了全媒体发展新高度,在推进我国体育事业发展中发挥着至关重要的推动作用,交易市场中的侵权行为和违法行为变得日益多样化,知识产权保护工作也面临着新的压力与挑战。为此,立法部门必须将其视为立法工作的重点领域,成为加速我国体育赛事媒体转播权保护工作法治化建设基础中的基础。

(二)深入分析现有法律法规及其着力点

随着我国体育事业的飞速发展,广大人民群众了解体育和参与体育的意识得到了显著提升,终身体育思想也在民众中推广开来,体育经济由此也得到了强有力的带动。究其原因,就是人们了解体育的渠道更多,从而形成了不同程度的追求,在此过程中,体育赛事转播权交易市场的运作发挥着至关重要的作用。而市场的繁荣就需要更为完善的法律法规加以约束,否则交易运行全过程会有更多的漏洞出现,会给极易受到利益诱惑的组织或个人带来可乘之机,各类垄断和侵权行为也会频繁出现。对此,立法部门在立法工作中,要结合我国《中华人民共和国反垄断法》《中华人民共和国知识产权保护法》《中华人民共和国商标法》等现有的相关法律内容,以及体育赛事转播权交易市场的时代发展需要,找出其有待进一步优化与完善的点,将其视为着力点,确保立法工作的针对性和目的性更为明确,使立法效果更为突出。

（三）有针对性地加强体育赛事转播权保护法律体系

在立法部门明确体育赛事转播权保护立法工作着力点的基础上，随之要针对法律法规进行进一步的健全。就当前我国现有的《中华人民共和国反垄断法》《中华人民共和国商标法》的相关法律内容来看，主要针对体育赛事转播权交易过程，以及转播权交易后的使用行为做出了明确的法律说明，并体现出了相关的法律约束，而针对知识产权方面还没有明确的法律法规为之提供相应的支撑。因为体育赛事作为一种特殊的作品，很多体育赛事具有高度的创新性，如花样滑冰、花样游泳等体育比赛项目，所以在转播权交易过程中，必须明确体现出未经归属权所有人进行法律授权，不得将其擅自转让给他人，并且比赛中所呈现的一切具有标示性的图案、主题音乐、口号未经法律授权不得转让给他人，或者在受众群体中广泛传播。因此，要将《中华人民共和国知识产权保护法》作为立法项目，并以此为中心建立一套互补性强并且针对性突出的体育赛事转播权保护法律体系。

二、加大体育赛事转播权保护的执法力度

执法力度直接关乎法治建设的成效，因此在加快法治化道路建设进程中，不断加大执法力度显然是重中之重。我国体育赛事转播权保护工作的法治化建设中，更需要将加大其执法力度放在重要位置，笔者认为具体操作要从三个方面入手，具体如下。

（一）不断加强体育赛事转播权交易市场的监管强度

"执法必严，违法必究，法律面前人人平等"是推进依法治国和法治社会建设的根本，而"执法必严"则是根本中的根本，关键中的关键。对此，在体育赛事转播权保护工作法治化建设道路中，强调严格执法也是关键中的关键。而加强体育赛事转播权交易市场法律监督是其首要环节。执法部门要联合司法部门深入市场大环境中去，针对行业监管部门的工作落实全面性、落实力度、落实效果进行全程化和无死角的监督，让体育赛事转播权交易活动的各个细节能够责任到人，出现任何违法行为和侵权行为都能够找到其根源，确保体育赛事转播权交易市场健康有序发展，赋予体育赛事转播权保护坚实的"盾牌"。

（二）广泛听取网络媒体平台普遍性的意见与建议

"违法必究"的根本前提在于深层次了解行业发展的大环境和行业内容，准确判断行业内部已经存在的违法情况以及潜在的违法行为，进而依据已经出台的相关法律法规予以惩处。其间，了解与判断的过程需要有网络媒体平台和受众群体的大力支持，而广泛听取网络媒体平台普遍性的意见与建议，与之形成紧密的沟通和互动就成为关键。对此，在加大关于体育赛事转播权保护执法力度的同时，还要增加与网络媒体平台最直接互动的力度，确保"违法必究"的方针在体育赛事转播权保护执法行动中得以深入践行，为打造出理想的体育赛事转播权交易市场发展大环境提供重要的支撑条件。

（三）依托健全的法律体系严厉打击体育赛事转播权侵权行为

在全面加强体育赛事转播权交易市场的监管强度，与网络媒体平台形成普遍而又密切的交流，能够充分掌握体育赛事转播权交易市场现实环境的基础上，就要针对已经呈现出的违法情况，以及潜在的违法行为和侵权行为进行严厉打击。在此期间，要以健全的法律体系为重要依托，针对违法交易行为、交易侵权行为、市场垄断行为，结合相关法律法规进行法律责任量裁，如出现不履行法律责任量裁结果的情况，司法部门与执法部门要联合强制执行，避免体育赛事转播权侵权行为以及各种违法行为的存在，确保体育赛事转播权交易市场运行的风险降到最低，最终实现彻底避免其各种风险的存在。

三、提高体育赛事转播权保护的普法力度

普法活动的开展必须要有明确的普法对象、充足而又理想的载体、健全的普法内容作为支撑。如何才能对健全的法律体系进行广泛传播，进而提升公众关于体育赛事转播权保护的认知高度，该项工作正是全面增强体育赛事转播权保护普法力度的具体表达，也是体育赛事转播权保护法治化建设的效果，以及体育赛事转播权交易的规范性不断提高的必不可少的条件。

（一）将原有的和新拓展的受众群体作为新的普法对象

体育赛事转播权保护工作的深度开展是一项极为系统的工程，法治化建设更是要充分体现出基础性和广泛性两个基本特征。针对于此，司法部门与执法部门不断加大有关方面的普法力度就成为不可缺少的一部分。其中，普

法对象的高度明确应作为首要环节，不仅要将原有的体育赛事传播受众群体作为重要组成部分，还要吸纳新拓展的体育赛事传播受众群体，而且还要引入网络媒体平台运营商、机构、个人，确保体育赛事转播权交易的参与者和受众群体能够深度了解转播权保护的重要意义，积极承担起及时反馈信息的义务，多方携手，共建体育赛事转播权交易市场良好运行环境和发展的未来。

（二）拓宽网络媒体平台运营商的普法渠道

普法活动在全面建设法治社会的进程中较为常见，主要针对公民自身法律知识的普及以及法律意识进行引导，促进社会法治化发展的速度不断加快，营造出一个和谐共生的生存环境。对此，在体育赛事转播权保护的普法活动中，可以遵循其他领域普法活动开展的成功经验，针对网络媒体平台运营商体育赛事转播权保护的相关法律进行深入介绍，说明法律本身的保护作用，以及出现违法行为和侵权行为必须承担的法律责任，以及如何维护体育赛事转播权，进而全面提高运营商以及受众群体对体育赛事转播权保护的认知高度，拥有更多的理想载体。

（三）优化体育赛事转播权保护普法内容

在普法对象的高度明确和普法渠道全面打通的基础上，就需要针对普法的实质性内容进行不断优化与完善，力求向受众群体和网络媒体平台传递的体育赛事转播权保护的信息更加全面，同时具有较强的作用性。其中，对普法内容的核心要做到高度明确，并且能够针对其核心内容进行有效延展，将普法对象深刻理解的信息作为普法内容构建的重要组成部分。除此之外，还要把即将出台的新法律法规向普法对象进行有效渗透，力保其能够意识到我国在体育赛事转播权交易方面加大立法力度的决心和信心。法律的完善性正是体育赛事转播权保护工作法治化建设的直观体现，可以达到全面促进我国体育赛事转播权交易市场又好又快发展的目的。

参考文献

[1] 全国人大常委会办公厅. 中华人民共和国体育法 [M]. 北京：中国民主法制出版社，2017.

[2] 中国法制出版社. 中华人民共和国著作权法（2020 年最新修订）[M]. 北京：中国法制出版社，2020.

[3] 中国法制出版社. 中华人民共和国反不正当竞争法（2017 年最新修订）[M]. 北京：中国法制出版社，2017.

[4] 郝勤，张新. 体育赛事简史 [M]. 北京：人民体育出版社，2013.

[5] 李芳. 大型体育赛事移动化传播研究 [M]. 北京：北京体育大学出版社，2015.

[6] 程志明，任金州. 跃升与质变体育赛事电视公用信号制作专论 [M]. 北京：北京师范大学出版社，2011.

[7] 刘斌. 体育新闻学 [M]. 北京：中国传媒大学出版社，2009.

[8] 周亭. 奥林匹克的传播学研究 [M]. 北京：中国传媒大学出版社，2009.

[9] 朱玉梅. NBA 在中国的市场整合营销传播模式分析 [D]. 曲阜：曲阜师范大学，2012.

[10] 崔朦戈. CCTV5 手机客户端体育赛事报道现状及特征分析 [D]. 西安：西安体育学院，2019.

[11] 王天阳. 当代我国体育赛事营销发展策略研究 [D]. 长沙：湖南师范大学，2019.

[12] 苏锐. 国内专业体育网站传播策略研究 [D]. 重庆：重庆大学，2016.

[13] 周迪. 手机媒体在体育传播中的运用研究 [D]. 武汉：武汉体育学院，2015.

[14] 杜蜀尧. 新媒体时代体育赛事转播的法律保护研究 [D]. 哈尔滨：东北农业大学，2018.

[15] 李金宝. 多重视野下的奥运体育展示传播——兼议大型综合赛事体育展示传播的特点 [J]. 成都体育学院学报，2016，42（01）：23-27.

[16] 林锦英. 论新媒体环境下体育电视传播的创新 [J]. 福建体育科技, 2015, 34 (06): 23-25.

[17] 张德胜, 张钢花, 李峰. 媒体体育的传播模式研究 [J]. 体育科学, 2016, 36 (05): 3-9.

[18] 刘树民. 网络体育新闻的传播学解析 [J]. 新闻战线, 2015 (24): 53-54.

[19] 唐云鹏. 从 NBA 文化谈我国体育赛事的发展路径 [J]. 新闻战线, 2016 (10): 111-112.

[20] 徐江敏. 融媒时代体育新闻的传播模式分析 [J]. 新闻战线, 2016 (22): 43-44.

[21] 林宏牛, 肖焕禹, 钟飞. 奥运会互联网信息传播模式: 演进脉络、传播特征与发展趋势 [J]. 成都体育学院学报, 2018, 44 (05): 34-40.

[22] 杨铄, 冷唐苎, 郑芳. 职业体育转播制度安排的国际比较研究 [J]. 体育科学, 2016, 36 (04): 20-32.

[23] 冯春. 体育赛事转播权二分法之反思 [J]. 法学论坛, 2016, 31 (04): 126-132.

[24] 姚鹤徽. 体育赛事网络转播法律保护制度的缺陷与完善 [J]. 天津体育学院学报, 2016, 31 (03): 198-203.

[25] 姚鹤徽. 论体育赛事类节目法律保护制度的缺陷与完善 [J]. 体育科学, 2015, 35 (05): 10-15, 97.

[26] 祝建军. 体育赛事节目的性质及保护方法 [J]. 知识产权, 2015 (11): 27-34.

[27] 赵双阁, 艾岚. 体育赛事网络实时转播法律保护困境及其对策研究 [J]. 法律科学（西北政法大学学报）, 2018, 36 (04): 56-66.

[28] 李杨. 体育赛事视听传播中的权利配置与法律保护 [J]. 体育科学, 2017, 37 (05): 88-97.

[29] 康益豪, 王相飞, 延怡冉, 等. 我国体育赛事的新媒体转播权开发研究——以腾讯体育、爱奇艺体育、PP 体育为例 [J]. 天津体育学院学报, 2020, 35 (04): 474-479.

[30] 李陶. 体育赛事举办者转播权的私法保护 [J]. 清华法学, 2020, 14 (05): 132-152.

[31] 向会英. 比较法视野下欧美国家职业体育赛事转播权研究 [J]. 成都体育学院学报, 2019, 45 (01): 42-49.

[32] 张志伟.体育赛事转播权法律性质研究——侵权法权益区分的视角[J].体育与科学,2013,34(02):46-50.

[33] 王晓东,田欣鑫.NBA电视转播状况的研究分析[J].新闻知识,2016(07):11-14.

[34] 张爱民.NBA赛事转播对CBA转播的启示[J].新闻战线,2016(08):111-112.

[35] 王晓东,柯佳.媒介融合时代美国职业体育赛事转播权开发研究[J].新闻战线,2015(09):87-90.

[36] 马超,石振国,王先亮,等.基于投入产出均衡的中超联赛失衡困境与优化路径[J].湖北体育科技,2021(08):663-669,695.

[37] 刘亚云,罗亮,马胜敏.我国体育赛事转播权垄断问题及应对策略[J].体育学刊,2021(02):54-59.

[38] 叶敏,李安阳.体育赛事转播的权利归属及法律关系分析[J].天津体育学院学报,2021(02):219-226.

[39] 刘志恒.5G时代体育赛事转播技术的发展与创新[J].新闻世界,2020(10):55-57.

[40] 冯祎晗,丛湖平.试论新媒体背景下体育赛事转播权的价值创造及其实现方式[J].体育科学,2020(08):35-40,87.

[41] 曹鹏程,张建明.中超联赛赛事版权商业价值开发研究[J].体育科技,2020(03):7-8,10.

[42] 陈晨,杨铄,郑芳,等.新媒体时代体育赛事转播市场发展问题研究[J].浙江体育科学,2020(02):12-16,67.

[43] 张健,孙辉,李婷文,等.大型体育赛事及其衍生品的社会经济效益与优化策略[J].西安体育学院学报,2020(01):51-58.

[44] 黄永正.中超联赛商业价值现状分析及发展策略研究[J].韶关学院学报,2019(09):82-87.

[45] 任亚辉,王珊珊.新媒体时代我国体育赛事转播发展困境与出路[J].体育文化导刊,2018(12):20-24.

[46] 邹月辉,张馨心.中国足球超级联赛转播权开发的问题与对策[J].首都体育学院学报,2018(06):520-522.

[47] 潘军,王艳.我国体育赛事新媒体转播权的市场开发研究[J].安徽体育科技,

2018（05）：5-8.

[48] 李进，王相飞，王真真. 中超联赛新媒体版权研究 [J]. 沈阳体育学院学报，2018（03）：37-41.

[49] 崔爱迪，张玉超. 我国体育赛事新媒体转播权市场开发困境与策略研究 [J]. 辽宁体育科技，2018（02）：28-30.

[50] 邹月辉，张馨心. 中超联赛转播权出售反垄断问题研究 [J]. 沈阳体育学院学报，2017（05）：42-46，96.

[51] 张文浩. 我国 CBA 联赛 IP 价值开发现状及对策 [D]. 开封：河南大学，2019.

[52] 陆子豪. 新媒体背景下我国体育赛事转播侵权行为的成因与影响研究 [D]. 南京：南京体育学院，2018.

[53] 杜蜀尧. 新媒体时代体育赛事转播的法律保护研究 [D]. 哈尔滨：东北农业大学，2018.

[54] 刘晓雯. 我国体育赛事新媒体转播权盈利模式研究 [D]. 徐州：中国矿业大学，2018.

[55] 张馨心. 中超联赛转播权垄断问题研究 [D]. 大连：大连理工大学，2018.

[56] 臧巨鹏荟. 新媒体时代下大型体育赛事转播权的开发研究 [D]. 北京：北京体育大学，2017.

[57] 焦亮亮. 我国体育赛事新媒体转播权的法律属性及保护研究 [D]. 徐州：中国矿业大学，2017.

[58] 蒋任飞. CBA 电视转播权开发的 SLEPT 分析 [D]. 济南：山东体育学院，2016.

[59] 何磊. 中国足球超级联赛组织传播研究 [D]. 重庆：重庆大学，2016.

[60] 贺薪宇. 中职篮与美职篮转播比较研究 [D]. 广州：广州体育学院，2020.

[61] 刘露. 新媒体时代大型体育赛事转播权的市场开发研究 [D]. 秦皇岛：燕山大学，2020.

[62] 倪瑞言. 2010 年后的中超联赛品牌传播提升策略研究 [D]. 苏州：苏州大学，2020.

[63] 刘颜恺. "互联网+体育赛事"版权保护问题研究 [D]. 南宁：广西大学，2017.

[64] 朱春阳. 全媒体语境下体育赛事版权运营研究 [D]. 绵阳：西南科技大学，2017.

[65] 郝明英. 网络直播节目著作权保护研究 [D]. 北京：中国政法大学，2020.

[66] 杨子扬. 论体育赛事类节目的著作权法保护 [D]. 上海：华东政法大学，2016.

[67] 曹照勇. 腾讯体育和乐视体育大型体育赛事直播平台创新研究 [D]. 开封：河南大学，2016.

[68] 赵娜. 体育赛事直播节目的版权保护制度研究 [D]. 济南：山东大学，2019.

[69] 马瑞龙. 我国体育赛事新媒体版权开发研究 [D]. 济南：山东大学，2019.

[70] 常思远. 互联网体育赛事直播平台商业模式研究与评价 [D]. 长沙：湖南大学，2018.

[71] 阳佳月. 媒介融合视角下体育赛事转播权开发策略研究 [D]. 北京：北京印刷学院，2017.